LE PETIT MONDE DES OURS

De Lander

Katie
Lietaert-Ingels

les éditions de saxe

Edito

Entrez dans un monde d'une incroyable douceur ! Au vu de tant de délicatesse, on serait tenté d'y pénétrer sur la pointe des pieds, de peur de déranger ses habitants si paisibles. Cet univers est celui de Katie Lietaert-Ingels, créatrice et propriétaire de la magnifique boutique De Lander installée à Bruges, en Belgique. Dans son premier livre, elle vous propose la réalisation d'une vingtaine d'ouvrages sur le thème des ours qu'elle affectionne tant : d'adorables ours en volume à habiller de vêtements qu'elle a elle-même confectionnés ou transformés en pochettes et sacs de rangement, d'autres nounours appliqués sur des coussins et du linge de lit ou brodés façon stitcheries pour raconter la plus jolie des histoires sur un grand plaid. L'ensemble emprunte la palette suave des pastels taupe, mauves, gris et rose pâle pour vous laisser l'impression, une fois ce livre refermé, d'une douce caresse sur la peau.

Nous remercions L'Atelier de Gédéon
pour le prêt des branchages, des branches de fleurs de cerisier et de l'horloge pour le stylisme des photos
L'Atelier de Gédéon
94 rue Vendôme
69006 Lyon
Tél. 04 72 74 28 95

Sommaire

Notes de l'auteur

Je rêvais de faire un livre sur mes deux passions : les oursons et le patchwork. Viviane Rousset, directrice des Editions de Saxe, a cru en moi et cela m'a procuré un bien-être que je ne peux décrire. Je me suis donnée à fond pour créer une ambiance que j'aime, composée de tous les éléments de décoration faits de chiffons. Que ces objets soient grands ou petits, ils sont tous aussi importants à mon cœur. C'est une expérience nouvelle pour moi, que j'ai vécue comme dans un rêve et je peux dire qu'une grande partie de mon amour se trouve dans ces pages. Mon souhait est de le partager avec tous ceux et celles qui, comme moi, aiment personnaliser leur intérieur grâce au travail manuel. Le bonheur tient parfois à si peu de choses… Quelques toiles, du fil et des idées ! Du travail qui se mélange au plaisir et puis, une grande satisfaction. J'ai utilisé, pour faire ce livre, les mêmes composantes que celles qui me servent à réaliser mes projets de patchworks et mes nounours que j'affectionne tant : ma passion, mes envies, mon savoir-faire et mon goût pour les couleurs douces et sobres. J'espère contribuer à créer ces mêmes envies chez les personnes qui seront séduites par ce décor créé à leur intention. Je les invite dans mon univers, tout simplement.

Katie

Remerciements

Je remercie *mon époux Geert, ma mère, Chantal, Marleen et Marie pour leurs encouragements.*
Je remercie *Viviane et Clarisse des Editions de Saxe pour leur confiance et leur soutien.*
Merci *à la société de tissus Stof A/S pour sa participation matérielle et aussi morale.*

Portrait

Katie Lietaert-Ingels

Have a nice day !

Depuis une dizaine d'années, la créatrice Katie Lietaert-Ingels nous fait goûter au charme de ses ouvrages empreints de douceur et de fantaisie, dans sa chaleureuse boutique De Lander, installée à Bruges.

Contrairement à ce que l'on pourrait penser, Katie ne se sentait pas plus attirée que cela par la couture et les arts du fil, lorsqu'elle était enfant. Elle reconnaît simplement avoir réclamé de nombreux vêtements à sa nounou férue de tricot pour habiller ses poupées. Á l'âge où il faut choisir un métier, Katie s'engage sur la voie de l'esthétique et ouvre un institut de beauté-coiffure à Roeselare, sa ville natale, en Belgique.

Il y a une vingtaine d'années, l'une des amies de Katie lui montre un patchwork en log cabin qu'elle est en train de réaliser et lui demande de l'aider à monter l'ouvrage en entier. Au départ réticente, Katie se laisse peu à peu prendre au jeu pour finalement devenir complètement accro à cette technique. Il en résultera un magnifique couvre-lit piécé qui marque les premiers pas de Katie dans l'univers du quilting.

Au bout de onze années passées dans son institut, elle ferme boutique car son mari, Geert, représentant, est très souvent en voyage. Le couple choisit de déménager à la campagne, dans une petite ferme de la région des Flandres. Là, comme elle est gagnée par l'ennui, elle coud de plus en plus, quilte, et réalise ses premiers ours en mohair. Sa productivité l'amène à organiser des expositions à la maison. Les visiteurs, enthousiasmés, affluent de toutes parts et réclament des cours.

La boutique De Lander

Au bout de quatre ans, les ouvrages envahissant la maison, Katie et son mari décident à nouveau de déménager, cette fois vers le centre-ville touristique de Bruges, et d'y ouvrir un magasin consacré au patchwork et autres travaux d'aiguilles, De Lander. D'origine flamande, ce mot vient de Landelijik qui signifie « à la campagne » et du verbe Landen qui veut dire « aller quelque part pour se reposer ou se détendre ». Tout un programme ! Lander est aussi le nom du chien de Katie.

L'antre de Katie est un repaire pour toutes les amoureuses des arts du fil ! Toujours aussi productive, la créatrice donne naissance à une centaine de modèles par an. Elle les propose en kits dans sa boutique, ainsi que de superbes collections de tissus, le matériel nécessaire pour le patchwork et la broderie, et un rayon consacré aux ouvrages de Marie Suarez, brodeuse et amie fidèle de Katie... Elle organise régulièrement des journées portes ouvertes et anime un Bloc du mois à chaque début d'année. Il y a 6 ans, parce qu'elle ne peut plus pousser les murs de sa boutique devenue trop petite, elle déménage une nouvelle fois pour un endroit plus spacieux, dans la périphérie de Bruges.

Les fournitures

Pour le rembourrage

- Minéraux
- Petits graviers
- Noyaux de cerises
- Ouate

Pour la couture et le quilting

- Fil à quilter
- Fil extra solide
- Serafil fil très solide
- Coton à broder

Côté inspiration

Pour créer, Katie s'imprègne de tout ce qui l'entoure sans même vraiment y réfléchir. L'inspiration vient en cours de travail, à moins que cela ne soit un tissu qui lui souffle l'idée d'un ouvrage, comme ce lin magnifique qui a suscité récemment la création de plusieurs modèles pour la terrasse, sur le thème du bistrot français, en rouge et gris. A la question « Pourquoi aimez-vous tellement les ours ? », Katie ne sait pas trop quoi répondre. Elle précise simplement qu'en Belgique, la tradition veut qu'on associe les poupées aux petites filles et les nounours aux petits garçons. Même si elle est une fille, Katie affiche sa préférence pour ces ours ! Pour qualifier son style, Katie cite la maxime Have a nice day (passe une bonne journée), inscrite sur une petite plaque en bois réalisée par son mari et qu'il lui a offerte, il y a dix ans, à l'occasion des premières portes ouvertes qu'elle avait alors organisées à la campagne. Ayant fait fabriquer une centaine de plaques identiques, elle en avait remis une à chaque visiteur. Tous les modèles créés depuis par Katie sont inspirés de cette petite phrase, toute simple, prononcée dans un sourire et un clin d'œil complices. Dans ce livre, Katie ne dit pas autre chose à ses lectrices : Have a nice day, en donnant vie à ces adorables ours dont il faut aussi confectionner les habits, ces objets de décoration assortis pour la maison, ces patchworks et autres ensembles de lit. Elle raconte même l'histoire de cet ours porte-bonheur à travers les stitcheries mis en scène sur un joli panneau.

Le livre emprunte le code couleur préféré de Katie, celui qui nous accueille aussi dans sa boutique : des gris, des taupes, des mauves, apaisant et doux, comme la caresse d'un nounours sur l'oreiller, juste avant de s'endormir.

Contact:

De Lander Patchwork & Berenwinkel

Steenkaai 34T 8000 Bruges Belgique

Site: www.delander.be

les ouvrages

L'ours "arrêt de porte"

Voir les gabarits dans l'encart détachable ❶
Ajouter une marge de couture pour tous les gabarits, sauf mention contraire indiquée par le symbole ❖
Dimensions : hauteur 26 cm

Voir points de broderie et conseils couture pages 68 à 79

Les fournitures

- *25 x 110 cm de tissu pour le corps*
- *15 x 150 cm de toile pour la tête, les bras et les pattes + la poignée*
- *10 x 20 cm de tissu + 10 x 10 cm d'entoilage thermocollant H630 pour le cœur*
- *1 kg de minéraux + ouate synthétique de rembourrage*
- *2 yeux de verre noirs de 9 mm de diamètre*
- *Coton à broder de DMC n°3743, n°318 + coton perlé n°8 de DMC marron*
- *25 x 90 cm d'entoilage thermocollant pour broderie H200*
- *2 boutons*
- *Colle pour tissu*

L'ours "arrêt de porte" (suite)

La marche à suivre

Découper les pièces du corps et du fond, en ajoutant une marge de couture, fixer l'entoilage thermocollant H200 sur l'envers du tissu à l'aide du fer à repasser.
Reporter le gabarit du cœur sur le tissu plié en 2 et 1 fois sur l'entoilage thermocollant H630, puis les découper. Doubler les pièces avec l'entoilage thermocollant et les assembler, réaliser une fente dans une des épaisseurs, retourner le cœur sur l'endroit de façon à ce que l'entoilage thermocollé se trouve à l'intérieur et repasser.
Avec le coton n°318, broder le contour du cœur au point de nœud colonial. Appliquer le cœur à petits points glissés invisibles sur le devant du corps.
Reporter le gabarit de la poignée sur le tissu plié en 2, découper et assembler les pièces, en laissant une ouverture et retourner sur l'endroit.
Assembler les 2 demi-dos, coudre la poignée au milieu du dos. Assembler le dos et le devant, en laissant sur l'un des côtés une ouverture de rembourrage. Assembler le fond et le corps. Rembourrer le corps avec 1 kg de minéraux et compléter avec de la ouate synthétique. Fermer l'ouverture.

Reporter les gabarits de la tête, des bras et des jambes sur la toile et les découper, en ajoutant une marge de couture. Découper le museau sans ajouter de marge de couture.
Coudre la tête, en laissant une petite ouverture, la retourner sur l'endroit, et faire une piqûre pour marquer des oreilles. Rembourrer la tête fermement et fermer l'ouverture.
Passer un fil de fronce autour du museau, rembourrer le museau fermement et le fixer sur la tête au point d'échelle. Enfoncer les yeux dans la tête et broder le nez avec le coton à broder.
Coudre les bras, en laissant une ouverture, les retourner sur l'endroit et les rembourrer fermement. Fermer l'ouverture. Marquer les doigts à l'aide du coton perlé n°8 marron.
Coudre les pattes tout autour et réaliser une fente dans l'une des épaisseurs. Les retourner sur l'endroit et les rembourrer avec de la ouate synthétique. Marquer les orteils à l'aide du coton perlé n°8.
Fixer la tête et les pattes sur le corps à l'aide de la colle et fixer les bras à l'aide des boutons.

plans de coupe

toile thermocollante (10 x 10 cm)

tissu (10 x 20 cm, plié en 2)

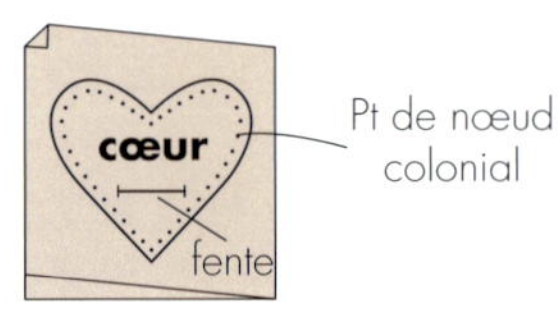

toile (15 x 150 cm, pliée en 2)

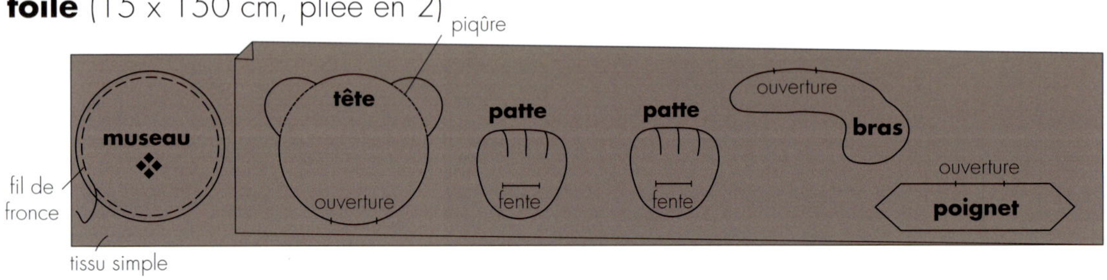

tissu pour le corps (25 x 110 cm)

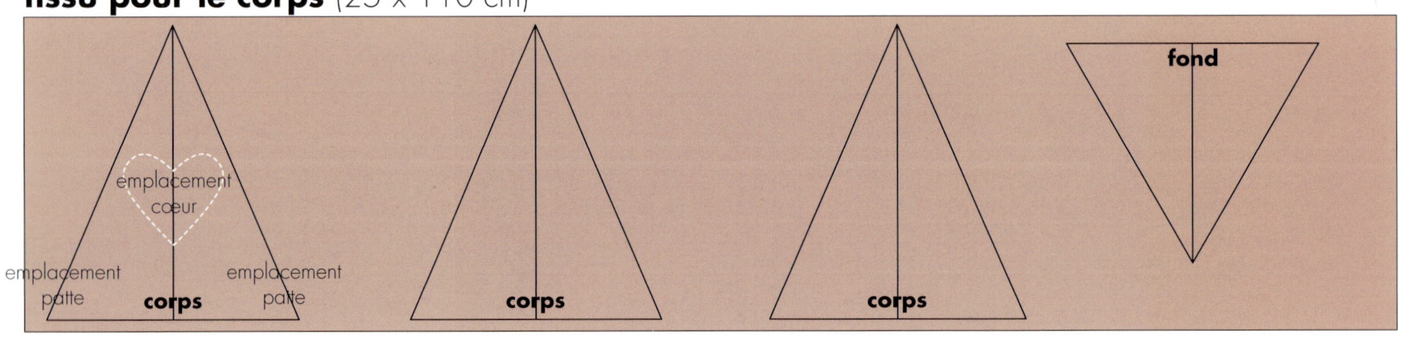

Les 3 ours aux longues jambes

have a nice day

Have a nice day

L'ourse "Claire"

Voir les gabarits dans l'encart détachable ❷
(ceux-ci sont donnés marge de couture comprise)

Dimensions : hauteur 50 cm

Les fournitures

- *35 x 165 cm de mohair ProBeer art. 517*
- *15 x 25 cm de tissu et 15 x 25 cm d'entoilage thermocollant H200 pour les paumes et les semelles*
- *3 articulations de 60 mm de diamètre pour la tête et les jambes*
- *2 articulations de 50 mm de diamètre pour les bras*
- *2 yeux de verre noirs*
- *Pour le rembourrage : 500 g de minéraux à insérer dans le corps + de la pure laine*
- *Coton à broder marron pour le nez et la bouche*
- *Fil extra solide + fil Serafil, fil de laine*
- *Rhodoïd*

Généralités

Les gabarits sont donnés marge de couture de 0,5 cm comprise (il ne faut donc pas ajouter de marges de couture).
Reporter les gabarits sur le Rhodoïd, les nommer et les découper.
Avec un stylo, dessiner le contour des pièces sur l'envers du mohair, en veillant à respecter le sens du poil.
Pour éviter des coutures nues, découper tous les motifs avec la pointe des ciseaux, sur le fond entre les poils, en faisant attention à ne pas couper les poils.
Pour l'assemblage de l'ours, utiliser des fils extra solides (du fil à boutons, par exemple).
Points utilisés : *le point de piqûre et, pour la finition des coutures, le point de feston.*

De Lander

plans de coupe

mohair (35 x 165 cm)

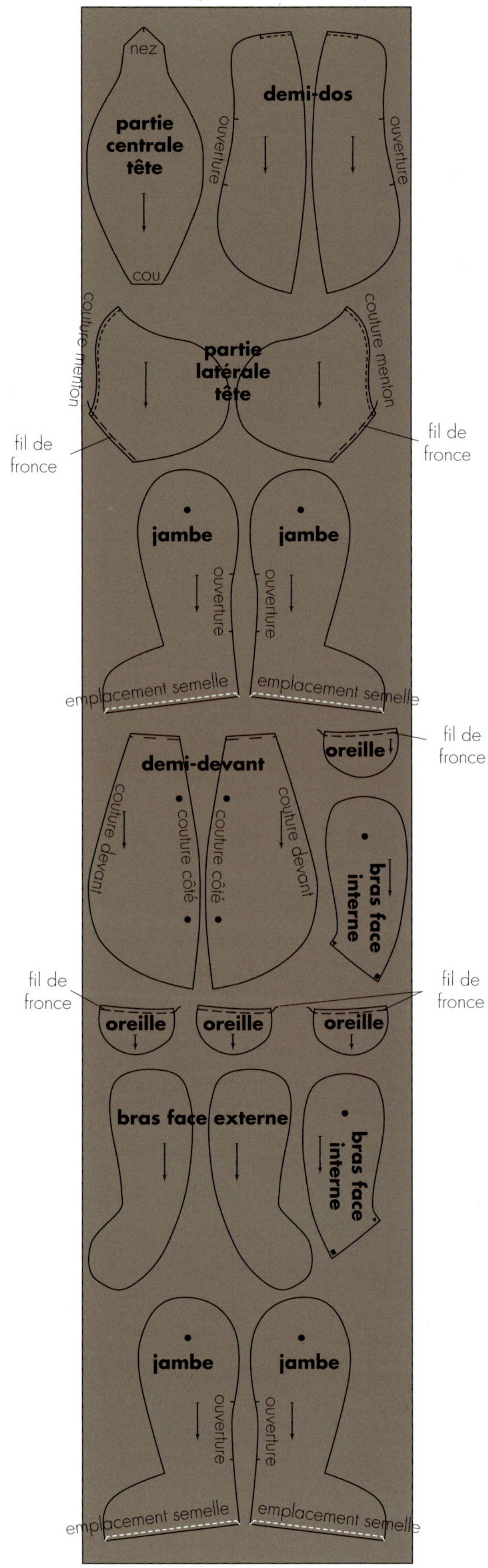

tissu (15 x 25 cm)

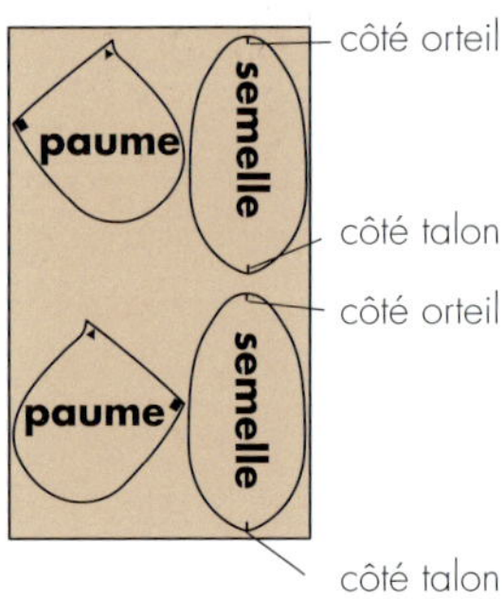

La marche à suivre

La tête : *coudre le menton et placer la partie centrale de la tête entre les 2 parties latérales. Rembourrer la tête très fermement avec de la pure laine, passer un fil de fronce (Serafil) autour du cou et serrer.*
Insérer une rondelle d'articulation.

Les oreilles : *pour chacune des oreilles, assembler les parties arrondies, passer un fil de fronce (Serafil) sur le côté droit et à l'aide de ce fil, coudre les oreilles sur la tête au point d'échelle.*
Positionner les yeux, réaliser l'arête du nez à l'aide du Serafil, et coudre les yeux.
Avec le coton à broder, broder le nez et la bouche.

Le corps : *assembler les 2 demi-devants, ainsi que les 2 demi-dos.*
Superposer le devant et le dos, endroit contre endroit, et faire la couture des côtés.
À l'aide d'un fil de laine, repérer l'emplacement des articulations, retourner le corps sur l'endroit, passer un fil de fronce (Serafil) tout autour de l'ouverture du cou et serrer. Insérer l'autre rondelle d'articulation et fixer la tête au corps à l'aide de la goupille.

Les bras : *pour chacun des bras, coudre la paume au bras intérieur. Superposer le bras intérieur et le bras extérieur, endroit contre endroit, et coudre tout autour, en laissant une ouverture. Repérer l'emplacement de l'articulation à l'aide d'un fil de laine, retourner le bras sur l'endroit, insérer une rondelle d'articulation et fixer le bras au corps à l'aide de la goupille.*

Les jambes : *pour chacune des jambes, superposer les 2 parties de la jambe, endroit contre endroit, et coudre tout autour, en laissant une ouverture pour le rembourrage et pour la semelle.*
Assembler la semelle et le pied. Repérer l'emplacement de l'articulation à l'aide d'un fil de laine, retourner la jambe sur l'endroit, insérer une rondelle d'articulation et fixer la jambe au corps à l'aide de la goupille.
Rembourrer l'ours, en commençant par insérer environ 500 grammes de minéraux dans le corps, puis le bourrer fermement avec de la pure laine. Fermer l'ouverture au point d'échelle, à l'aide du Serafil.
Puis rembourrer les bras, mais pas trop fermement, pour que les bras tombent joliment le long du corps.
Fermer les ouvertures au point d'échelle.
Pour vieillir le mohair, tondre l'ours à plusieurs endroits à l'aide d'un rasoir à main.
Pour obtenir un effet antique, retoucher la couleur du mohair à l'aide d'un fusain.

Voir points de broderie et conseils couture pages 68 à 79

La veste de l'ourse "Claire"

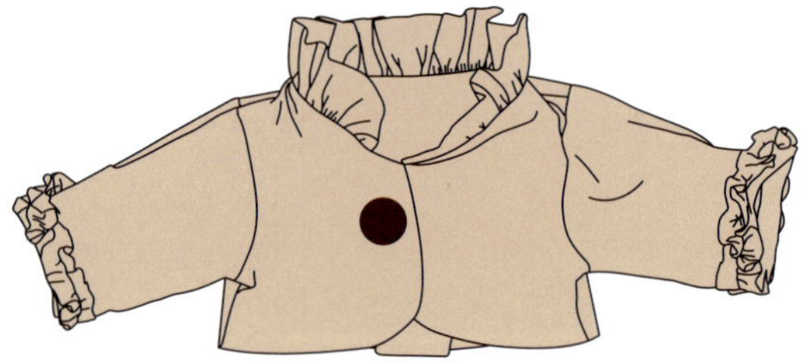

Voir les gabarits dans l'encart détachable ❷
Ajouter une marge de couture pour tous les gabarits, sauf mention contraire indiquée par le symbole ❖

Les fournitures

- *50 x 110 cm de tissu*
- *1 grand bouton décoratif + 2 boutons de 2 cm de diamètre pour la martingale dans le dos*

La marche à suivre

Reporter tous les gabarits sur le tissu en ajoutant une marge de couture, et les découper.
*Réaliser un pli au milieu du dos (***voir photo et plan de coupe***).*
Fermer les épaules et assembler les manches aux emmanchures.
Pour les bords de manches (ruché), couper 2 bandes de 4 x 50 cm (marge de couture comprise) et faire un petit rentré le long des 2 bords longs. Passer un fil de fronce au milieu de la bande et la froncer jusqu'à obtenir la dimension du bord de manche.
Faire un petit rentré sur le bas de la manche, puis coudre le ruché sur le bord de la manche.
*Coudre un pli au milieu de la manche (***voir plan de coupe***).*
Fermer en une fois le dessous de la manche et le côté de la veste.
*Pour le col, couper une bande de 9 x 60 cm (marge de couture comprise). Plier en 2, endroit contre endroit et bords longs l'un sur l'autre, coudre l'arrondi du col (***voir plan de coupe***), retourner sur l'endroit et repasser.*
Passer un fil de fronce sur le côté ouvert du col et le froncer pour le ramener à une longueur de 30 cm.
*Coudre le col sur la veste (***voir plan de coupe et photo pour le début et la fin***).*

plan de coupe

tissu (50 x 110 cm, plié en 2)

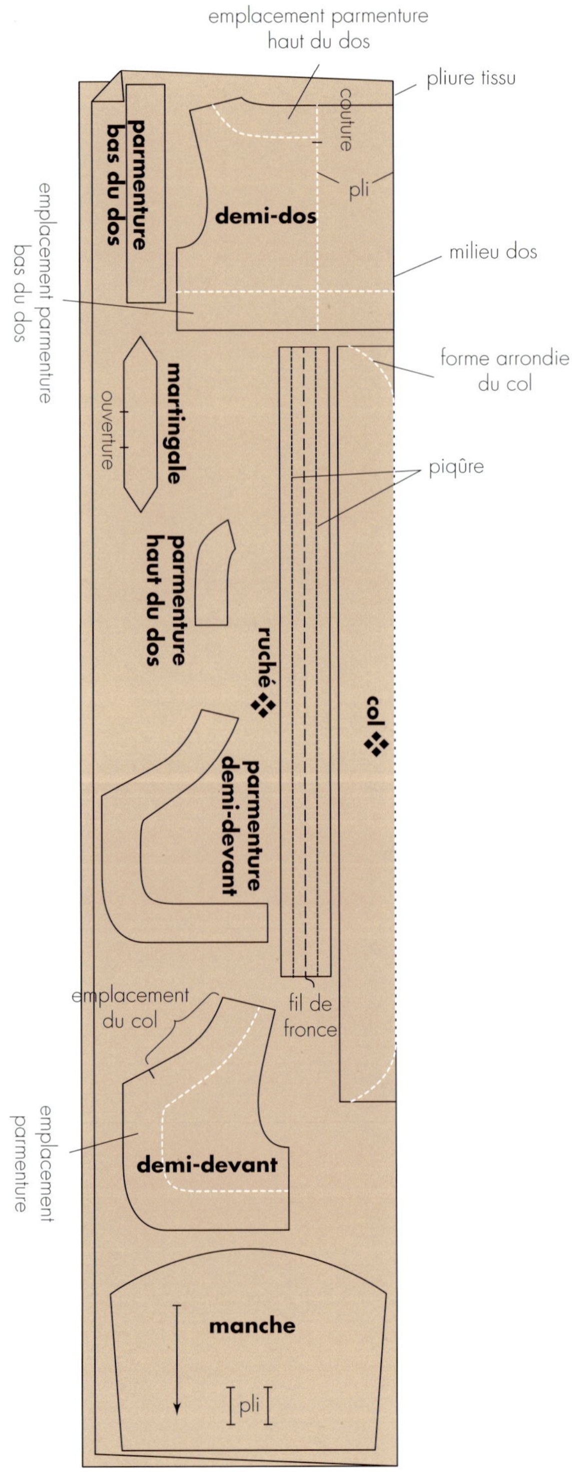

*Couper toutes les parmentures de la veste (**voir plan de coupe**) et les assembler. Poser les parmentures sur la veste, endroit contre endroit, et les coudre en une fois. Retourner sur l'endroit, et repasser la veste. Faire une surpiqûre sur le col de façon à ce qu'il se tienne bien droit.*

Réaliser la martingale dans le dos et, à l'aide de 2 boutons, la fixer au dos de la veste, par-dessus le pli du milieu du dos.

Voir points de broderie et conseils couture pages 68 à 79

DEVANT

DOS

La robe de l'ourse "Claire"

Les fournitures

- 50 x 150 cm de tissu
- 4 boutons en forme de cœur d'1 cm environ de diamètre

Voir plans de coupe p.20

La marche à suivre

Toutes les mesures sont données marge de couture de 0,5 cm comprise. Couper :

- *1 bande de 15 x 150 cm pour la jupe*
- *1 bande de 7 x 35 cm pour la jupe*
- *1 rectangle de 15 x 46 cm pour le haut de la robe*
- *2 bandes de 3 x 13 cm pour les bretelles*
- *En biais : 2 bandes de 1,5 x 15 cm pour la finition des emmanchures*

Faire un ourlet de 0,5 cm sur 3 côtés de la bande **C** *de 7 x 35 cm.*

Faire un ourlet de 0,5 cm sur 1 bord long des 2 autres pièces **A** *et* **B** *de la jupe et surfiler les bords courts (***voir p.79***).*

Passer un fil de fronce sur les 3 pièces de la jupe.

Froncer les 2 pièces les plus grandes pour les ramener à une longueur de 43 cm.

DOS

DEVANT

La robe de l'ourse "Claire" (suite)

Faire un rentré de 2 cm sur les extrémités des pièces les plus grandes (15 x 150 cm + 12 x 110 cm). Les placer l'une sur l'autre et les assembler.
Froncer la pièce la plus petite pour la ramener à une longueur de 15 cm, et la coudre au milieu du bord supérieur.
*Plier en 2 le rectangle du haut de la robe, endroit contre endroit, et coudre les 2 côtés ainsi que 1,5 cm sur le bas (**schéma 1**). Le retourner sur l'endroit et couper les emmanchures (**schéma 1**). Border les emmanchures à l'aide du biais de 1,5 x 15 cm (**voir p.77**).*

Assembler la jupe et une épaisseur de tissu du haut de la robe à la machine, rabattre et coudre la 2ème épaisseur à la main.
*Pour réaliser les bretelles, plier en 2 les bandes de 3 x 13 cm, endroit contre endroit et les côtés longs l'un sur l'autre, les coudre et les retourner sur l'endroit (**schéma 2**).*
Réaliser 2 boutonnières adaptées à la dimension des boutons.
Coudre les bretelles sur le dos et les fixer sur le devant par les boutons en forme de cœur. Réaliser les 3 plis sur le devant du haut de la robe, et faire une surpiqûre.

Les gabarits sont donnés marge de couture de 0,5 cm comprise

plans de coupe

bretelle (3 x 13 cm, plié en 2)

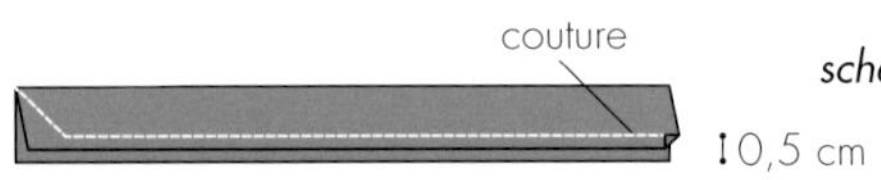

schéma 2

tissu (50 x 150 cm)

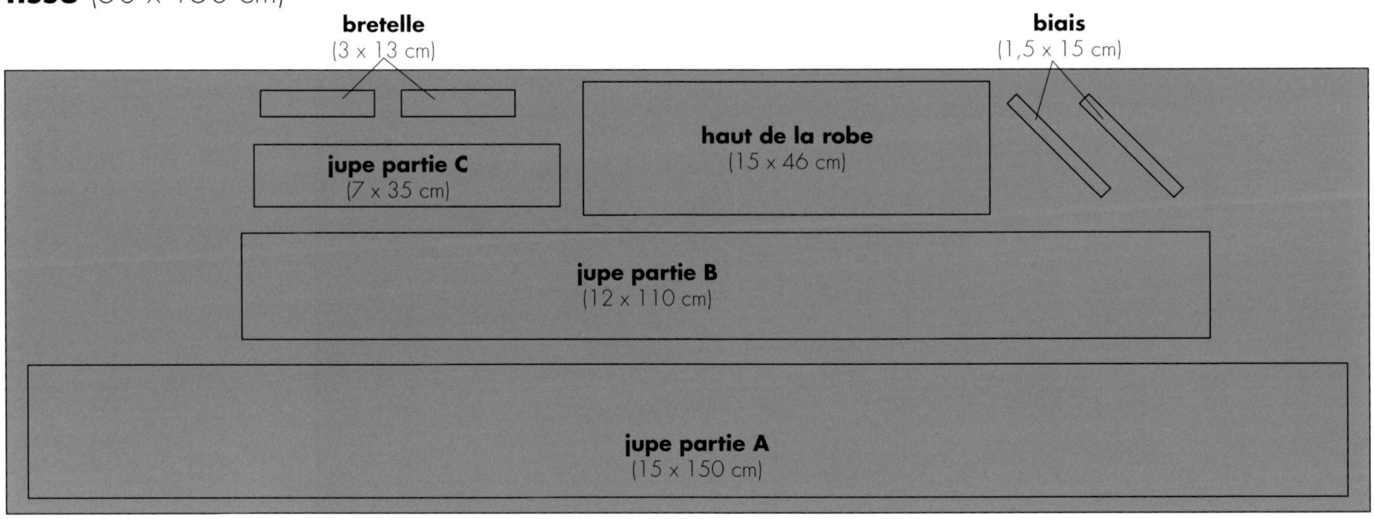

haut de la robe (15 x 46 cm, plié en 2)

schéma 1

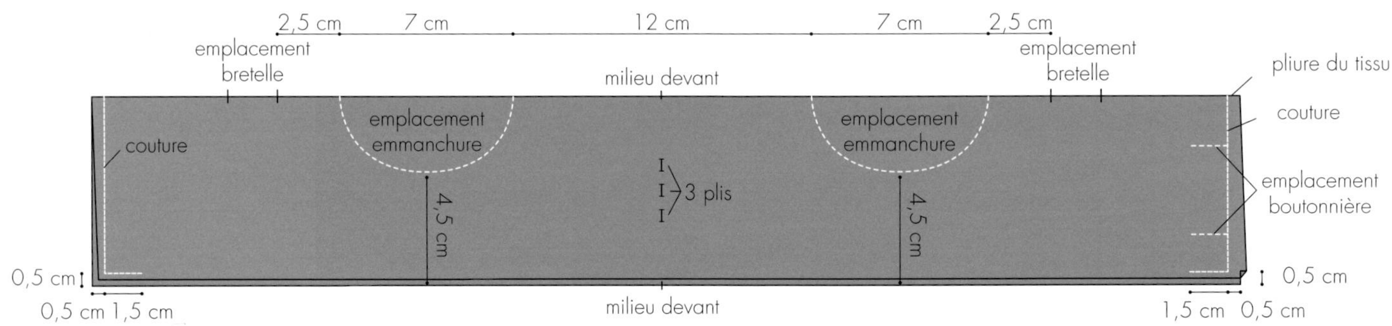

De Lander

Quilt "Calendrier"

Quilt "Calendrier" (suite)

Voir les gabarits dans l'encart détachable ❹
Ajouter une marge de couture pour tous les gabarits, sauf mention contraire indiquée par le symbole ❖

Dimensions : 110 x 110 cm

Les fournitures

- *55 x 150 cm de tissu de fond blanc pour les blocs à broder et les bandes*
- *25 x 90 cm d'entoilage thermocollant H630*
- *50 x 90 cm d'entoilage thermocollant H180*
- *50 x 110 cm de tissu vieux rose pour les bandes*
- *60 x 110 cm de tissu de fond pour les blocs de patchwork*
- *15 x 25 cm de 13 tissus dans différentes couleurs pour les blocs de patchwork « pattes d'ours »*
- *50 x 110 cm de tissu pour la bande autour du panneau central et la bande de finition*
- *110 x 110 cm de tissu pour la doublure*
- *110 x 110 cm de molleton fin*
- *Cotons à broder de DMC dans les coloris suivants : B5200-221-470-472-640-676-816-831-838-840-920-928-930-934-3042-3051-326-3740-3858-3859-926-223-535-938-793-433-792-208-413-739-492-676-898-3862-414-327*
- *Crayon de Sewline*

Voir points de broderie et conseils couture pages 68 à 79

Broder les traits fins avec 1 seul brin, et les autres avec 2 brins

Mois de janvier

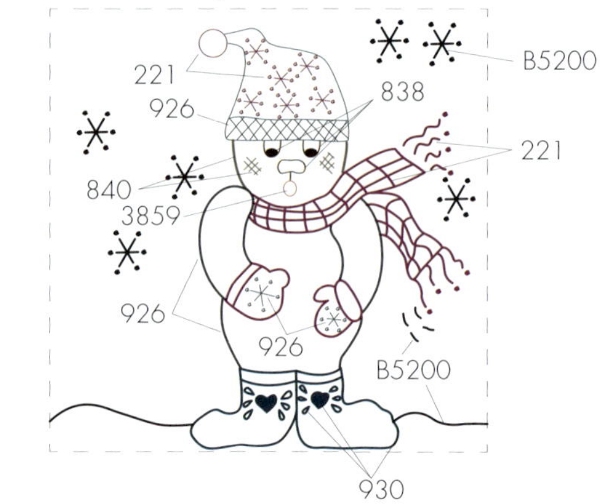

Mois de février

Mois de mars

Mois d'avril

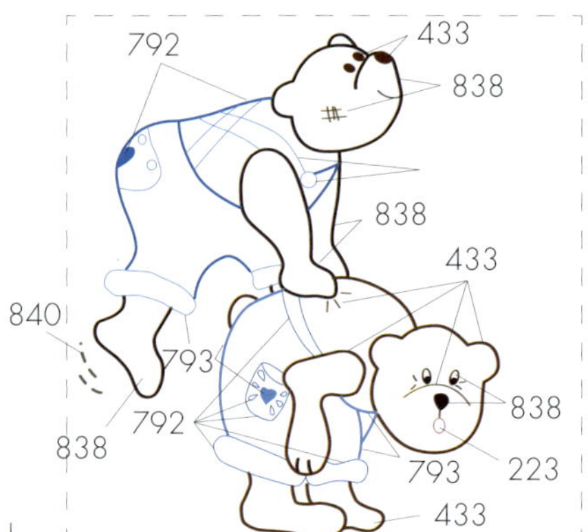

Mois de mai

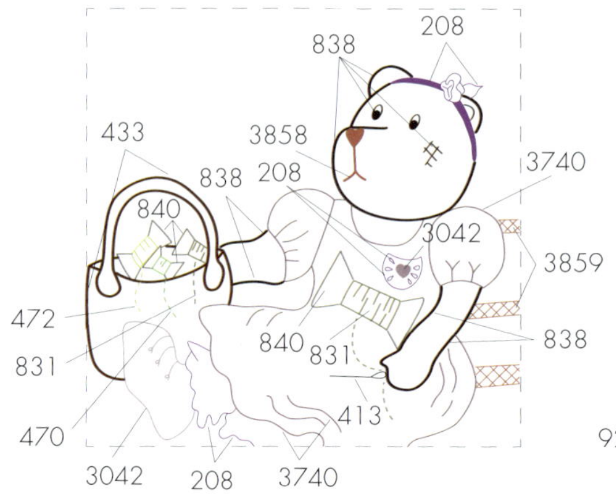

Mois de juin

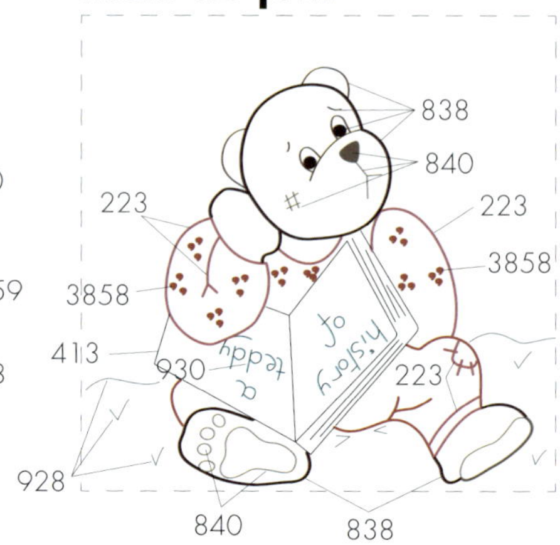

La marche à suivre

Bloc du mois

Dans le tissu blanc de fond, couper 12 carrés de 12 x 12 cm, reporter les dessins à l'aide du crayon, et thermocoller l'entoilage H630 sur l'envers du tissu à l'aide du fer à repasser.
Broder chaque dessin à l'aide des cotons à broder dans les coloris indiqués sur le dessin. La plupart des lignes sont à broder avec 2 brins, seuls quelques petits éléments sont à broder avec 1 brin, tels la bobine de fil, les petits plis sur le bas de la manche… sur le bloc du mois de mai, par exemple. Réaliser les 11 autres blocs de la même manière en se reportant aux dessins.

Points utilisés : *le point de piqûre, le point de bouclette, le passé plat et le point de nœud colonial.*

*Une fois les 12 blocs brodés, les recouper à 10 x 10 cm + marge de couture (***voir schéma "assemblage bloc du mois" p.26***).*
Coudre une bande 1 (= 1 cm + marge de couture) tout autour de chacun des blocs, en commençant par les bandes horizontales et puis les bandes verticales. Repasser les blocs.
Dans le tissu de fond blanc, couper la bande 2 (= 2 cm + marge de couture), fixer l'entoilage thermocollant H180 sur le revers du tissu. Coudre la bande tout autour de chacun des blocs brodés, en commençant par les bandes horizontales et puis les bandes verticales. Repasser.
Coudre la bande 3 (= 1 cm + marge de couture) tout autour chaque bloc obtenu, en commençant par les bandes horizontales et puis les bandes verticales.
Reporter les motifs de broderie sur les bandes 2 et réaliser les broderies avec 2 brins de fil.

Mois de juillet

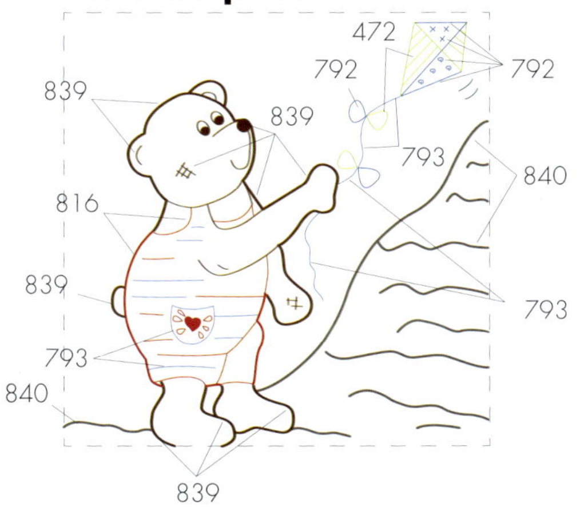

Mois d'août

Mois de septembre

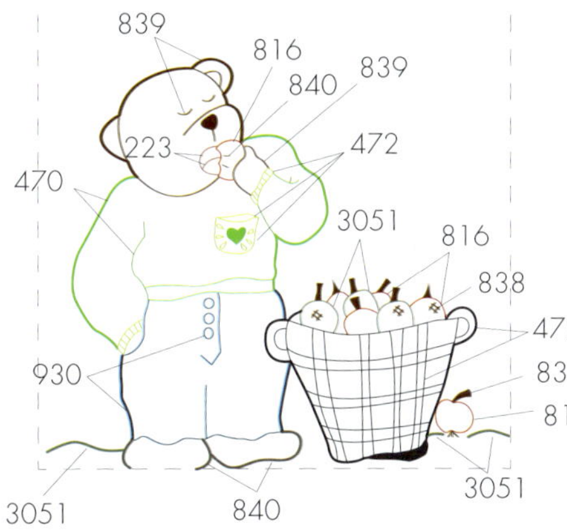

Mois d'octobre

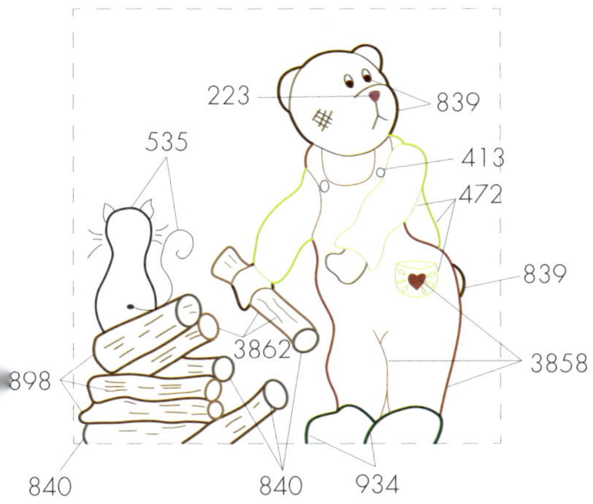

Mois de novembre

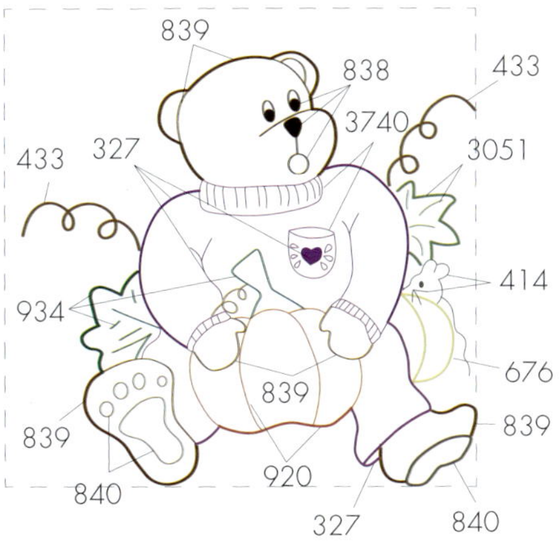

Mois de décembre

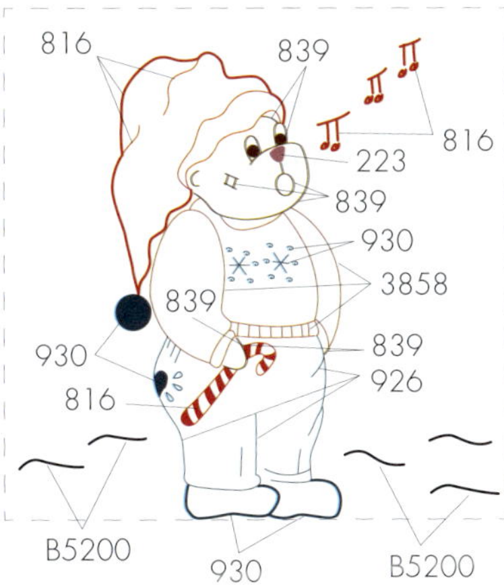

Quilt "Calendrier" (suite)

have a
nice day

Quilt "Calendrier" (suite)

assemblage bloc du mois

a = 10 x 10 cm

Note : ajouter une marge de couture

bande 1 = 1 cm (b et c)

bande 2 = 2 cm (d et e)

bande 3 = 1 cm (g et f)

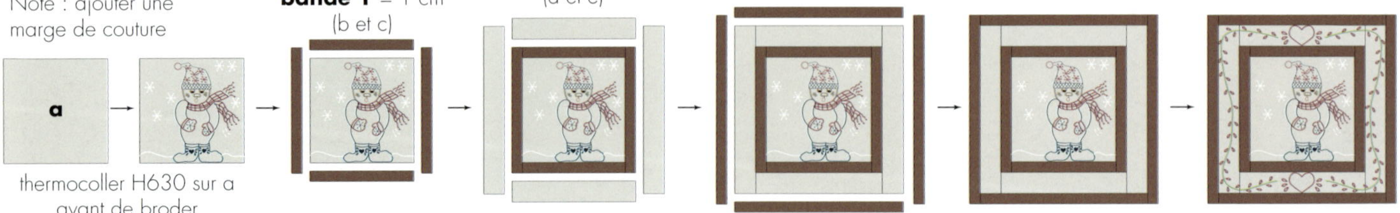

thermocoller H630 sur a avant de broder

thermocoller sur d et e avant de les assembler

Blocs « pattes d'ours »

Réaliser les 13 blocs de patchwork selon la méthode classique.
Assembler le panneau central de patchwork en suivant les dessins.

assemblage des blocs

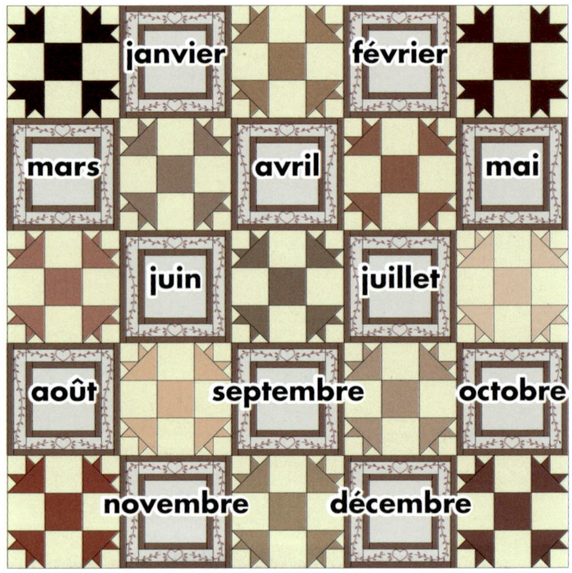

assemblage bloc patte d'ours

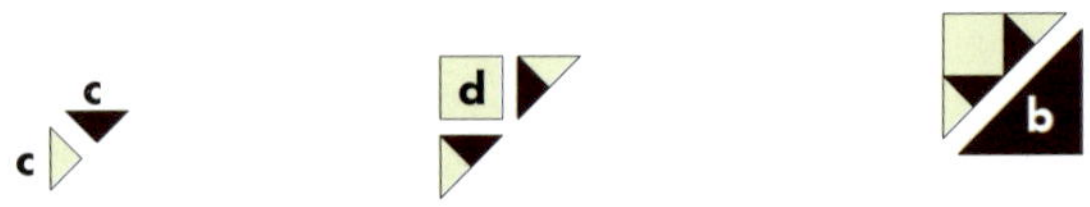

assembler 2 triangles c (8 fois) → assembler d avec 2 assemblages c, on obtient un grand triangle → assembler b avec 1 grand triangle (4 fois)

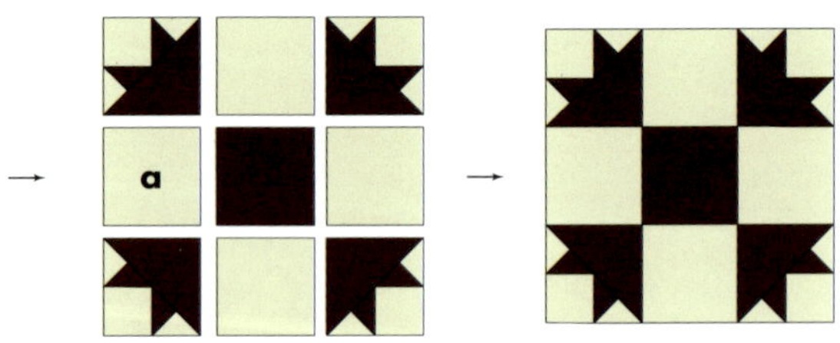

bordures et finitions

bordure A = hauteur 2 cm, angle en biais (ajouter marge de couture)
bordure B = hauteur 10 cm, angle en biais (ajouter marge de couture)
bordure C = hauteur 4,5 cm, angle en biais (marge de couture comprise)

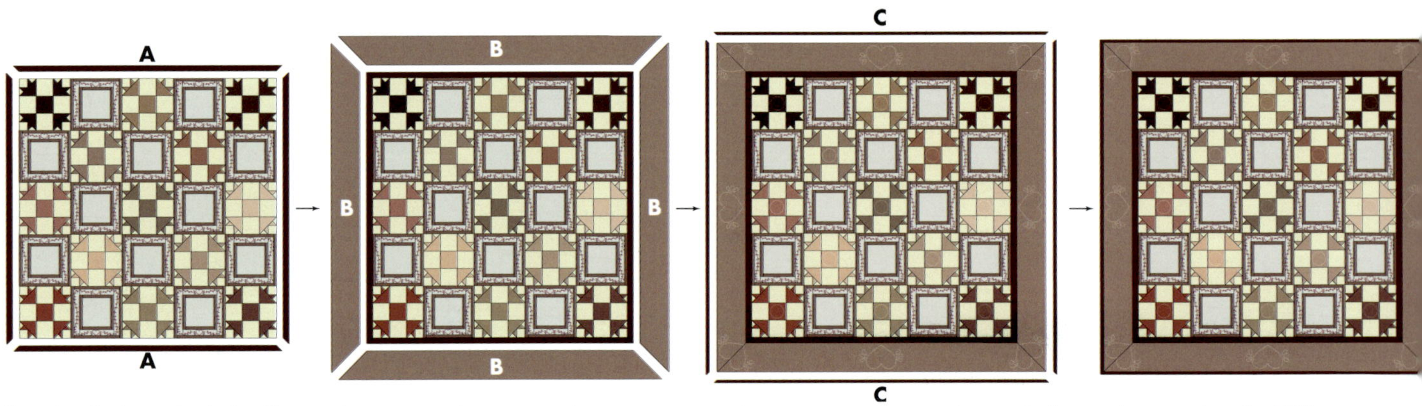

Coudre la bande A (= 2 cm + marge de couture) tout autour du panneau central en réalisant les angles à 45°. Coudre la bordure B (= 10 cm + marge de couture) tout autour du panneau obtenu, en réalisant également les angles à 45°. Superposer la doublure, le molleton et le top. Matelasser un cercle sur chaque bloc de patchwork et dans les coutures, et des cœurs sur la bordure du panneau. Une fois le matelassage terminé, coudre la bande de finition C de 4,5 cm (marge de couture comprise) tout autour du quilt.

Range-pyjama

Range-pyjama (suite)

Voir points de broderie et conseils couture pages 68 à 79

Voir les gabarits dans l'encart détachable ❸
Ajouter une marge de couture pour tous les gabarits, sauf mention contraire indiquée par le symbole ❖

Dimensions : 57 cm de haut - 54 cm de largeur

Les fournitures

- *20 x 25 cm de tissu de laine pour l'ours*
- *2 yeux de verre noirs de 7 mm de diamètre*
- *Coton perlé n°8 marron*
- *Ouate synthétique de rembourrage*
- *55 x 110 cm de tissu pour le sac*
- *50 x 110 cm de tissu pour le bas du sac*
- *40 x 110 cm de tissu pour la bordure de festons et pour le cœur*
- *50 x 110 cm d'entoilage thermocollant H630*
- *Coton à broder de DMC n°3861*
- *3 m de galon de velours marron de 6 mm de large*
- *Fil Serafil*

plans de coupe

tissu (40 x 110 cm, plié en 2)

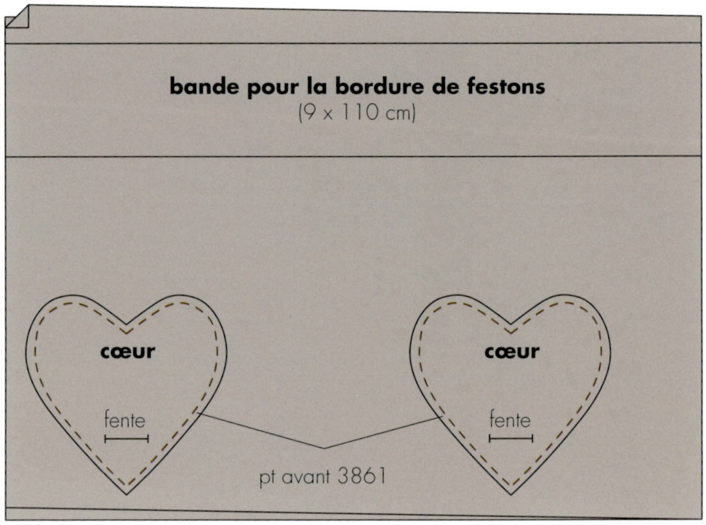

tissu laine (20 x 25 cm)

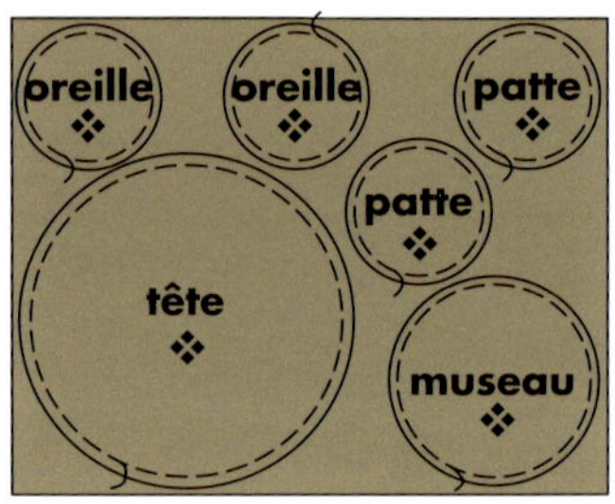

tissu thermocollant (50 x 110 cm)

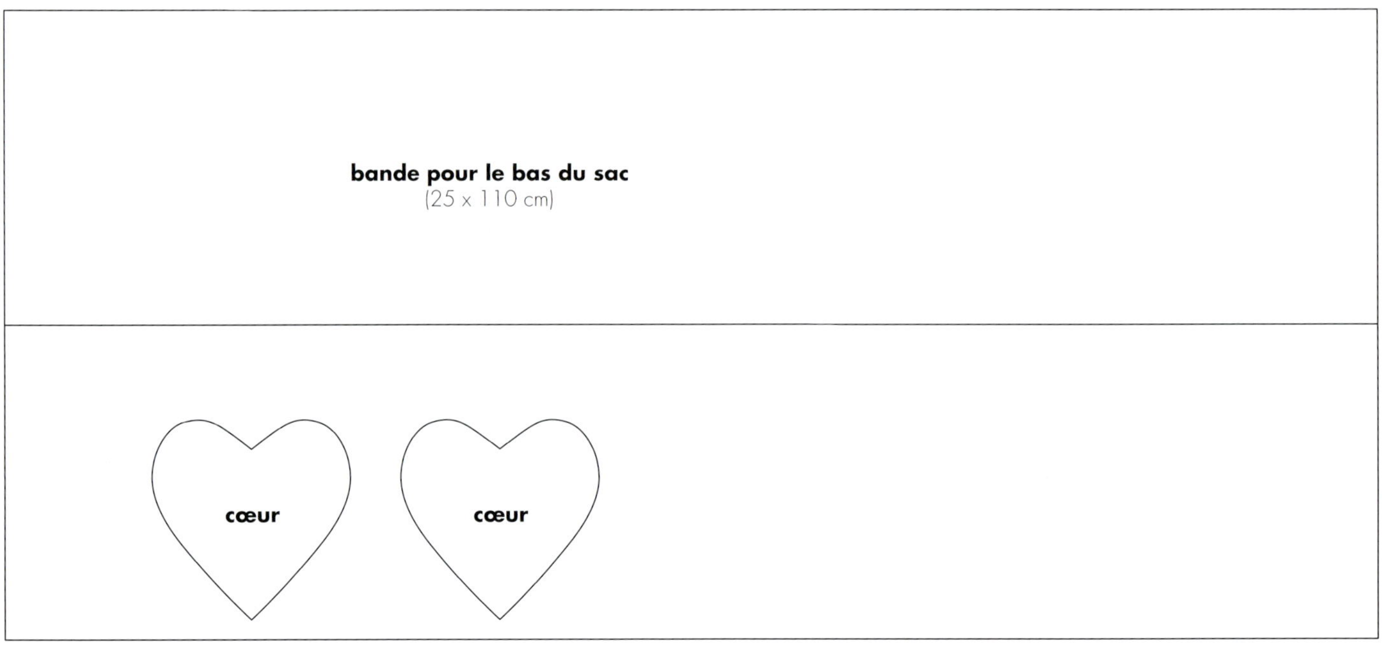

La marche à suivre

Commencer par la tête et les pattes de l'ours.
Reporter les ronds (tête, museau, oreilles et pattes) sur le tissu de laine et les découper sans ajouter de marge de couture.
Passer un fil de fronce (Serafil) autour de chaque rond.
Rembourrer le museau, la tête et les pattes fermement, serrer le fil de fronce et faire un nœud.
Coudre le museau sur la tête, le côté ouvert tourné vers la tête.
Replier les oreilles en 2, les plier autour du pouce et serrer le fil de fronce de façon à former une oreille.
Coudre les oreilles sur la tête au point d'échelle.
Enfoncer les yeux et broder le nez avec le coton perlé.
Marquer les doigts à l'aide du coton perlé n°8.
Réaliser le grand sac : plier le tissu de 55 x 110 cm en 2 dans le sens de la largeur, endroit contre endroit, et faire la couture du côté.
Réaliser le petit sac d'en bas : fixer un rectangle de 25 x 110 cm d'entoilage thermocollant sur l'envers de la moitié du rectangle de tissu de 50 x 110 cm à l'aide du fer à repasser. Replier le tissu sur l'entoilage, et faire la couture du côté.
Glisser le grand sac dans le petit sac endroit contre endroit et les assembler sur les côtés. Fermer le bas et former le fond en réalisant une couture à plat sur chaque angle. Surpiquer toutes les coutures au point overlock (voir p.74).
Réaliser la bordure de festons : couper une bande de 9 x 110 cm et assembler les 2 extrémités pour former un cercle. Replier la bande en 2 sur la largeur (9 cm), endroit contre endroit. Dessiner 22 festons à 1 cm du bord et les piquer sur le trait.
Recouper en laissant 0,5 cm de marge de couture et la cranter entre les festons. Retourner sur l'endroit et repasser. Coudre la bordure de festons au bord supérieur du sac.
Couper une autre bande de 9 x 110 cm et assembler les 2 extrémités pour former un cercle.
Coudre cette bande sur le haut des festons, la rabattre vers l'intérieur en faisant un rentré de 0,5 cm, faire une piqûre et à 1 cm plus haut une 2ème piqûre pour réaliser la coulisse pour glisser le ruban, tout en laissant une ouverture sur le côté.
Superposer les 2 pièces du cœur (endroit contre endroit), fixer l'entoilage thermocollant, coudre les contours, faire une fente dans l'un des épaisseurs du tissu, retourner sur l'endroit de façon que l'entoilage thermocollé se trouve à l'intérieur, et repasser.
Coudre les cœurs au milieu du devant et au milieu du dos du sac.
Coudre les pattes de l'ours sur les arrondis de l'un des cœurs et la tête sur le sac au niveau du creux du même cœur.
Fixer par quelques petits points invisibles le petit sac sur le grand sac, des 2 côtés du cœur.
Coudre le ruban de velours sur le haut du sac et sous les festons.
Glisser le ruban de velours dans la coulisse.

bordure en feston (9 x 110 cm, pliée en 2)

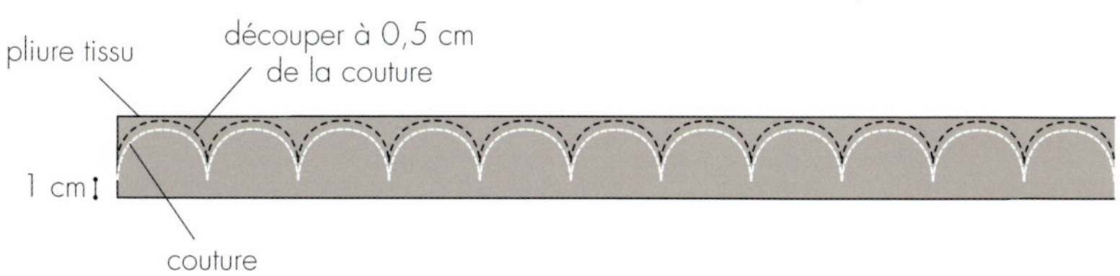

Corbeille à ouvrage

Voir les gabarits dans l'encart détachable ❶
Ajouter une marge de couture pour tous les gabarits, sauf mention contraire indiquée par le symbole ❖

Dimensions : longueur 55 cm, largeur 42 cm, hauteur 35 cm

Les fournitures

Les fournitures sont données pour la corbeille sur la photo, qui sert d'exemple : voir dimensions ci-dessus

- *140 x 150 cm de toile pour la doublure*
- *140 x 240 cm de toile extérieure de la housse*
- *140 x 150 cm de fiberfill (mousse de rembourrage vendue au mètre)*
- *50 x 150 cm de toile « cœurs »*
- *50 x 90 cm d'entoilage thermocollant*
- *8 petits boutons + 3 gros boutons*
- *Rembourrage synthétique*
- *Coton à broder de DMC*

La marche à suivre

Mesurer la longueur et la largeur du fond de la corbeille.
*Mesurer la hauteur de la corbeille, ajouter cette hauteur à chaque côté du fond, en rajoutant la hauteur du rabat (= 12 cm) + un prolongement de 3 cm des 2 côtés de chaque hauteur du rabat (***voir schéma 1 p.32***).*
Adapter le schéma aux mesures obtenues de la corbeille.
Couper la pièce de base 1 fois dans la toile extérieure, 1 fois dans la doublure et 1 fois dans le fiberfill, en ajoutant toujours une marge de couture d'1 cm.
Superposer le fiberfill et le tissu de la doublure et assembler les quatre côtés de la housse. Procéder de la même façon pour la toile extérieure, de façon à obtenir 2 housses. Glisser la doublure dans la housse, envers contre envers (les coutures se trouvant à l'intérieur).
Mesurer le pourtour de la corbeille, couper dans le tissu « cœurs » 2 bandes de 12 x 150 cm, les assembler bout à bout et les couper aux dimensions du pourtour. Fixer l'entoilage thermocollant sur une moitié (= 6 cm) du tissu. Plier la bande obtenue en 2, endroit contre endroit et les bords longs l'un sur l'autre, et repasser.
*Tracer 24 festons sur la bande (adapter le nombre de festons, si nécessaire) et les coudre. Recouper en laissant 0,5 cm de marge de couture et cranter les creux entre les festons (***voir p.32***). Retourner la bande sur l'endroit et repasser.*
Piquer une épaisseur de festons sur l'endroit de la housse, à la machine, rabattre l'autre épaisseur sur l'envers et coudre à la main.
Tracer la pochette en forme de cœur 2 fois sur le tissu plié en 2 et 2 fois sur l'entoilage thermocollant, découper les pièces, superposer pour chaque pochette 2 pièces en tissu (endroit contre endroit), fixer l'entoilage thermocollant, coudre tout autour en laissant une ouverture, retourner sur l'endroit de façon à ce que l'entoilage thermocollé se trouve à l'intérieur, et repasser.
Avec le coton à broder, réaliser à 0,5 cm du bord une ligne au point de piqûre, puis appliquer les cœurs sur la doublure.
Glisser la housse à l'intérieur de la corbeille en rabattant les bords sur l'extérieur.
Réaliser les cœurs aux angles de la housse : *tracer le grand cœur et le petit cœur 4 fois sur le tissu uni plié en 2 et les découper. Tracer le demi-grand cœur et le demi-petit cœur 2 fois dans le tissu « cœurs » plié en 2*

De Lander

et les découper. Assembler les demi-cœurs « cœurs » sur 8 cœurs unis (4 petits et 4 grands). Assembler 1 bicolore à 1 uni en laissant une petite ouverture. Retourner les cœurs sur l'endroit, les rembourrer et fermer l'ouverture.

Réaliser 4 rubans de 0,6 cm de large (finis). À l'aide d'un bouton, attacher à chaque ruban un grand cœur et un petit cœur. Fixer ces rubans aux angles de la housse.

La bande transversale : couper dans le tissu « cœurs » 2 fois et dans l'entoilage thermocollant 1 fois un rectangle de 16 x 42 cm. Superposer les 2 pièces de la bande (endroit contre endroit), fixer l'entoilage thermocollant, coudre tout autour en laissant une petite ouverture, retourner la bande sur l'endroit, repasser et fermer l'ouverture.

Reporter le gabarit du cœur 1 fois sur le tissu plié en 2 et 1 fois sur l'entoilage thermocollant, les découper et superposer l'entoilage thermocollant et les 2 pièces du cœur (endroit contre endroit), coudre tout autour en laissant une petite ouverture, retourner le cœur sur l'endroit et fermer l'ouverture. Avec le coton à broder, réaliser à 0,5 cm du bord une ligne de broderie. Appliquer le cœur sur une des extrémités de la bande. Coudre un gros bouton sur le cœur. Reporter une 2ème fois le gabarit du cœur sur le tissu plié en 2, découper les pièces, les superposer, endroit contre endroit, et coudre tout autour en laissant une petite ouverture. Retourner le cœur sur l'endroit, le rembourrer et fermer l'ouverture. Réaliser un petit ruban de 0,6 x 35 cm, le plier en 2 et le fixer sur le cœur à l'aide d'un gros bouton. Coudre l'autre gros bouton sur la bande transversale et fixer le cœur à ce bouton.

Voir points de broderie et conseils couture pages 68 à 79

plan de coupe 1

tissu (140 x 240 cm)

schéma 1

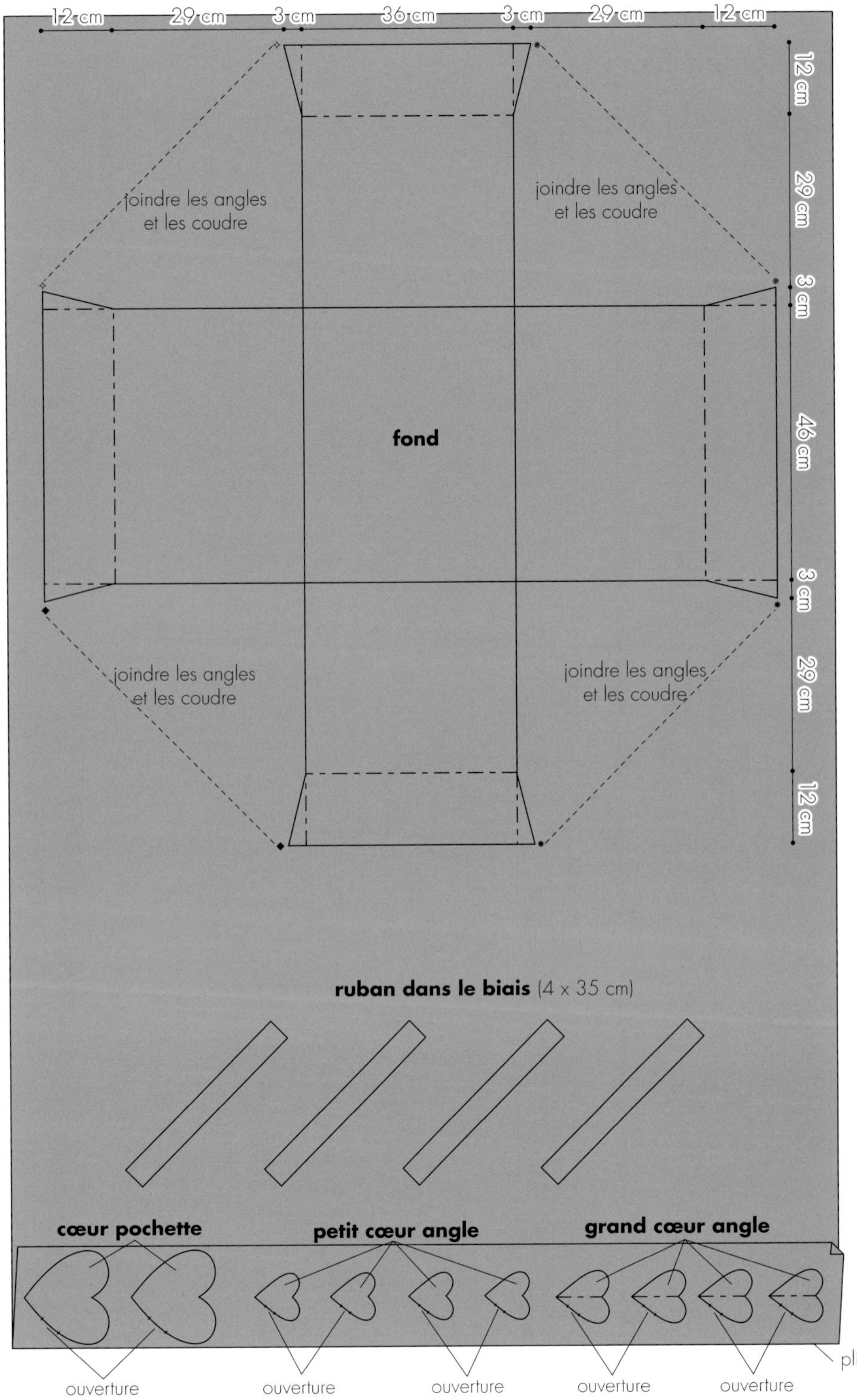

plan de coupe 2

tissu motif cœurs

(50 x 150 cm)

schéma 2

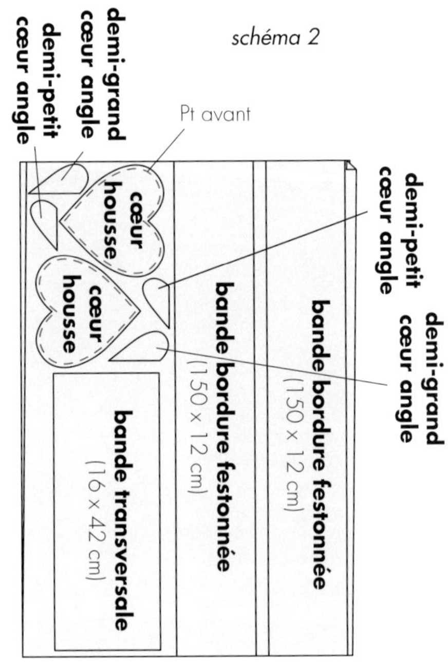

Notes :
Couper le fond également 1 fois dans la doublure et 1 fois dans le Fiberfill.
Couper le cœur pour la pochette également 1 fois dans l'entoilage thermocollant.
Couper la bande transversale également 1 fois dans l'entoilage thermocollant.

ajouter une marge de couture pour tous les gabarits

réalisation 1 *schéma 3*

bordure festonnée (6 x 180 cm, après assemblage et entoilage)

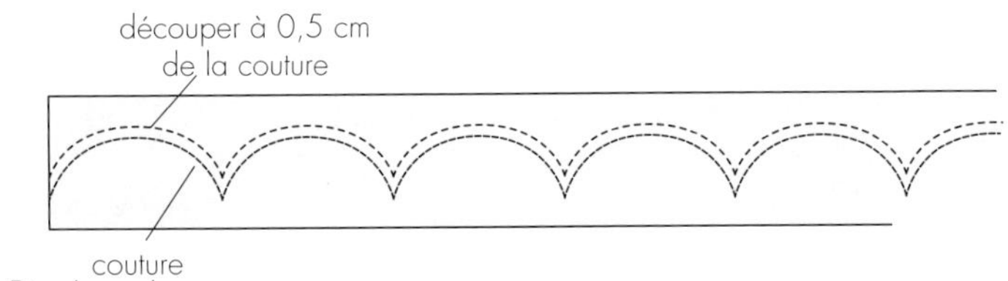

biais1 *schéma 4*

biais (0,6 x 35 cm au final)

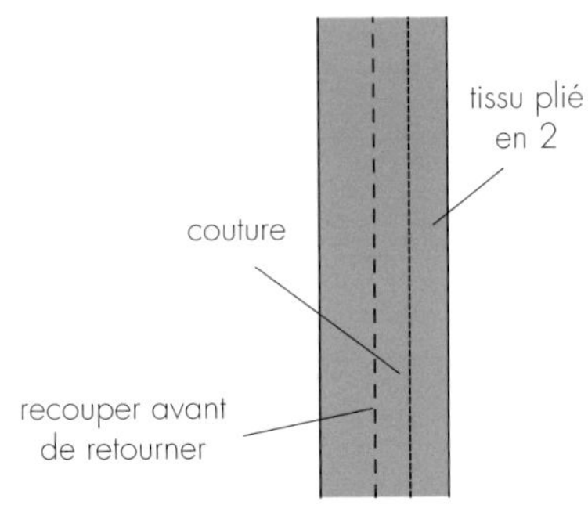

De Lander

Have a nice day

les coussins

Coussin avec ours

Voir les gabarits dans l'encart détachable ❸

Ajouter une marge de couture pour tous les gabarits, sauf mention contraire indiquée par le symbole ❖

Dimensions : 50 x 50 cm

Les fournitures

- *55 x 110 cm de tissu à fleurs*
- *25 x 150 cm de tissu à pois pour la poche devant*
- *25 x 150 cm de toile taupe pour la tête, les pattes et les bretelles*
- *25 x 90 cm d'entoilage thermocollant H630*
- *Chute de feutrine rose pour le nez*
- *Coton à broder de DMC n°3743 et n°838*
- *Coussin de 50 x 50 cm*
- *2 boutons à recouvrir de 23 mm de diamètre*

La marche à suivre

*Couper dans le tissu à fleurs 2 carrés de 55 x 55 cm. Pour la poche du devant, couper 2 rectangles de 22 x 55 cm, les superposer, endroit contre endroit et les bords longs l'un sur l'autre, et coudre sur la longueur, retourner sur l'endroit et repasser. Coudre la poche sur le devant du coussin. Reporter les gabarits de la tête et des pattes sur le tissu plié en 2 et 1 fois sur l'entoilage thermocollant, et les découper. Superposer les 2 pièces en tissu (endroit contre endroit), fixer l'entoilage thermocollant, coudre tout autour, faire une fente dans une épaisseur de tissu, retourner de façon à ce que l'entoilage thermocollé se trouve à l'intérieur, et repasser. Réaliser les broderies de la tête et celles des pattes (**voir p.69**). Appliquer la tête et les pattes sur le devant du coussin à point glissés invisibles.*

montage bretelle (7 x 28 cm, plié en 2)

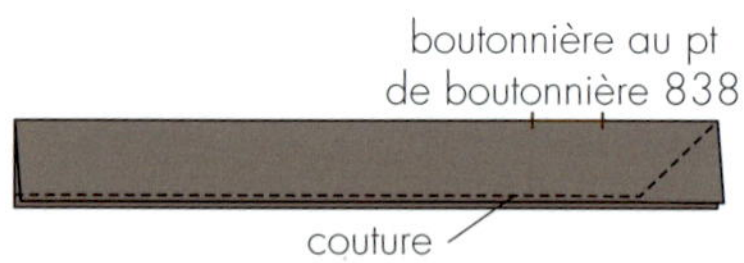

plans de coupe

tissu taupe (25 x 150 cm, plié en 2)

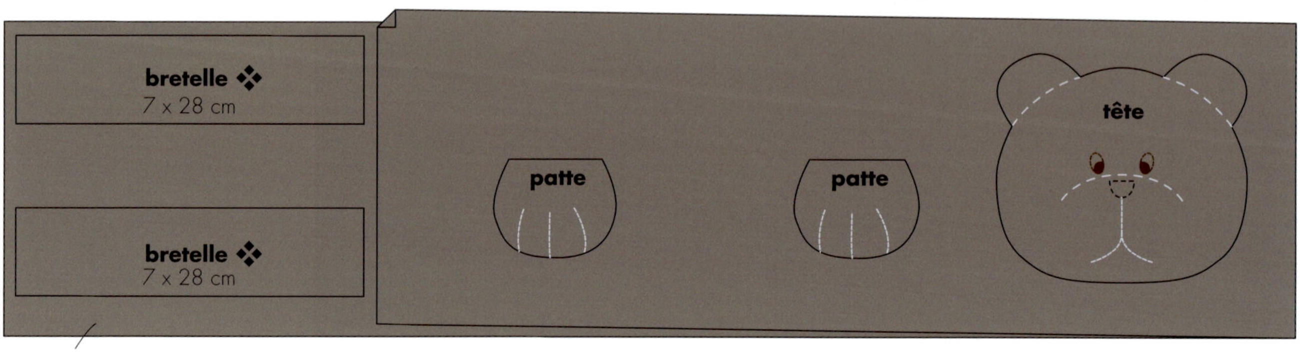

tissu simple

thermocollant (25 x 90 cm)

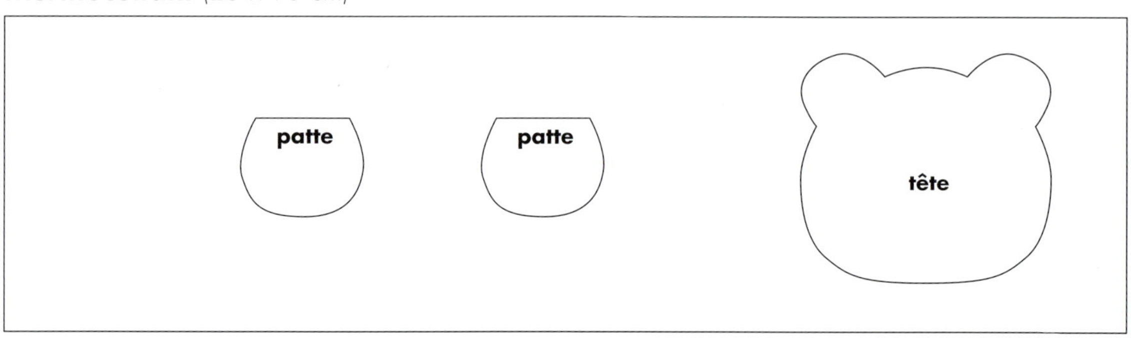

chute feutrine

museau

Voir points de broderie et conseils couture pages 68 à 79

Réalisser les bretelles : *couper 2 bandes de 7 x 28 cm, plier chaque bande en 2, endroit contre endroit et bords longs l'un sur l'autre. Coudre sur la longueur et finir en pointe sur une extrémité (***voir schéma et photo***). Retourner sur l'endroit. A chaque extrémité pointue des bretelles, faire une boutonnière de 2,8 cm. Appliquer les bretelles sur la poche à points glissés invisibles. Recouvrir les boutons et les coudre sur le coussin.*

Superposer le devant et le dos du coussin, endroit contre endroit, les assembler en laissant une petite ouverture, retourner sur l'endroit, glisser le coussin dans la housse obtenue et fermer l'ouverture à points glissés invisibles.

Coussin à bretelles

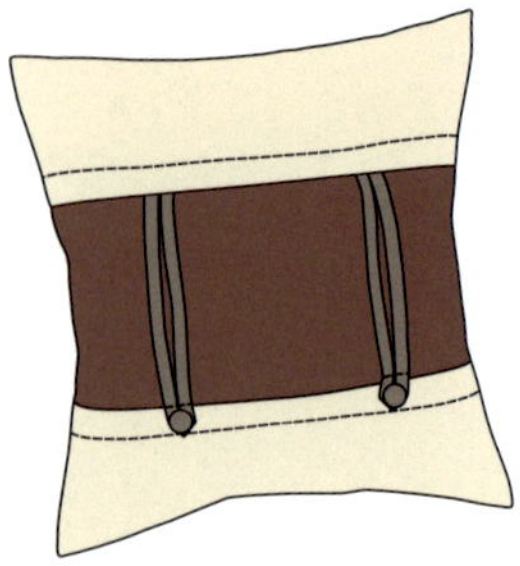

Dimensions : 47 x 50 cm

Les fournitures

- *50 x 110 cm de tissu pour le dos et les rabats*
- *50 x 50 cm de tissu pour la pièce centrale*
- *10 x 150 cm de tissu pour les bretelles*
- *2 boutons à recouvrir de 23 mm de diamètre*
- *Coussin de 47 x 50 cm*

La marche à suivre

Placer le tissu du dos à plat, envers vers soi. Rabattre les bords latéraux 2 fois sur 15 cm ***(schéma 1)*** *et réaliser une surpiqûre à 3 cm de chaque pliure.*

Réaliser les bretelles : *couper 2 bandes de 5 x 60 cm, plier chaque bande en 2, endroit contre endroit et bords longs l'un sur l'autre. Coudre sur la longueur pour former et retourner les bretelles. Retourner les bretelles sur l'endroit, puis les repasser. Plier chaque bretelle en 2, former l'angle en pointe, réaliser une surpiqûre à 3 cm de la pointe* ***(schéma 2)*** *et une autre à 6 cm.*

préparation du dos et des rabats

schéma 1

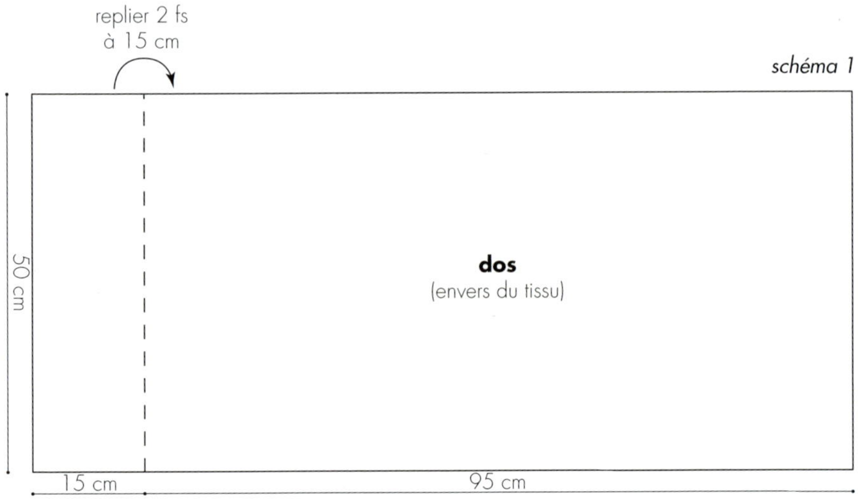

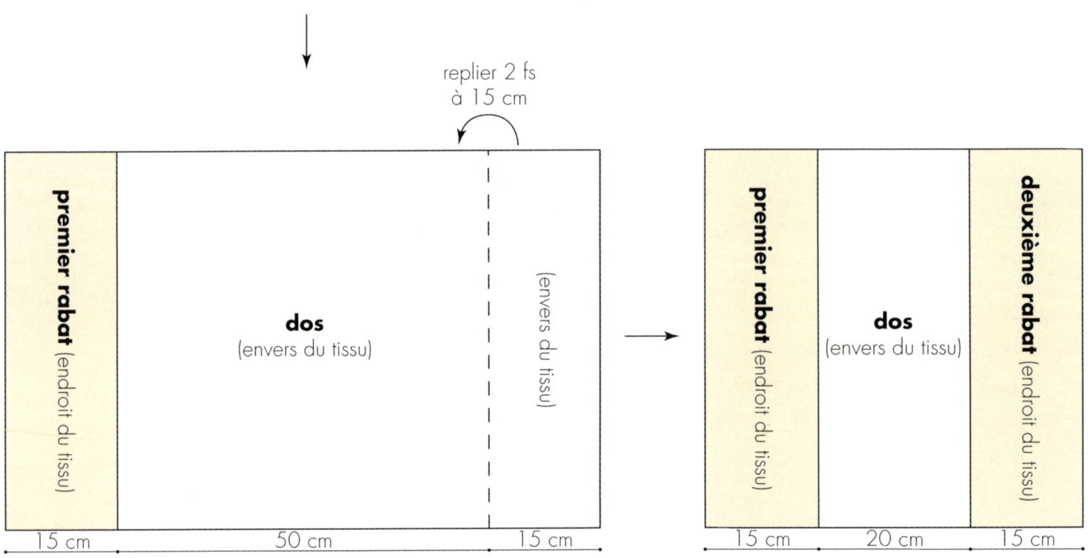

préparation des bretelles

schéma 2

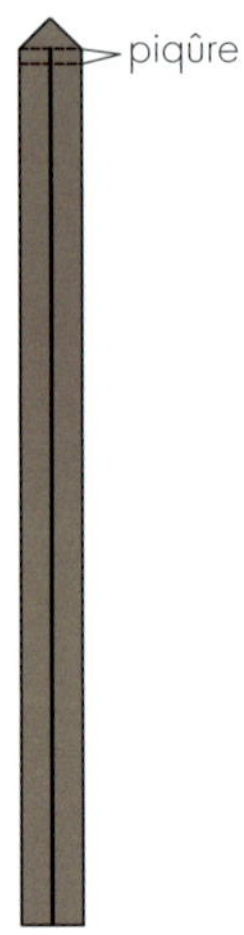

Voir points de broderie et conseils couture pages 68 à 79

assemblage

schéma 3

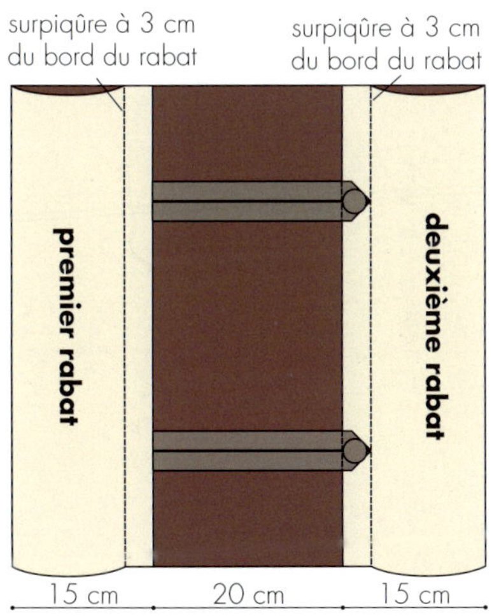

Placer la pièce centrale au milieu de la pièce du dos. Rabattre les 2 bords du dos sur la pièce centrale de façon à ce que 20 cm de la pièce centrale reste visible ***(schéma 3)****.*
Placer les bretelles au-dessous du rabat gauche et réaliser une piqûre et une surpiqûre pour assembler les épaisseurs.
Recouvrir les 2 boutons avec le tissu et les coudre sur les pointes des bretelles.
Retourner l'ouvrage sur l'envers et faire les coutures du haut et du bas, en laissant une ouverture sur le haut ou sur le bas, puis retourner sur l'endroit.
Glisser le coussin dans la housse obtenue et fermer l'ouverture à points glissés invisibles.

Coussin aux nœuds

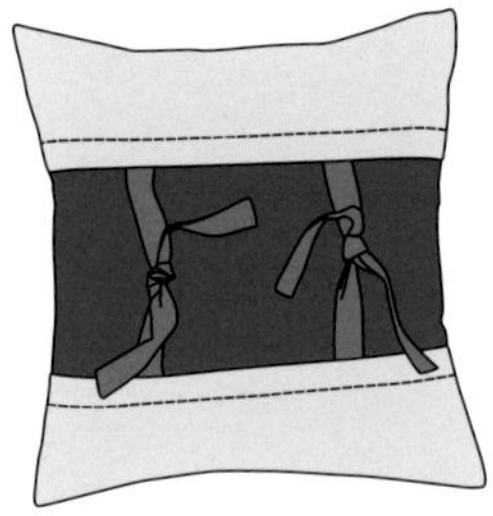

Dimensions : 47 x 50 cm

Les fournitures

- *50 x 110 cm de tissu pour le dos et les rabats*
- *50 x 50 cm de tissu pour la pièce centrale*
- *15 x 70 cm de tissu pour les rubans*
- *Coussin de 47 x 50 cm*

La marche à suivre

Placer le tissu du dos à plat, envers vers soi.
*Rabattre les bords latéraux 2 fois sur 15 cm (**schéma 1**) et réaliser une surpiqûre à 3 cm de chaque pliure.*
Réaliser les rubans : couper 4 bandes de 7,5 x 35 cm, plier chaque bande en 2, endroit contre endroit et bords longs l'un sur l'autre. Coudre sur la longueur pour former les rubans et les retourner sur l'endroit.
Placer la pièce centrale au milieu de la pièce du dos.
Rabattre les 2 bords du dos sur la pièce centrale de façon à ce que 20 cm de la pièce centrale reste visible.
*Placer les rubans au-dessous des rabats de gauche et de droite et réaliser une piqûre et une surpiqûre pour assembler les épaisseurs (**schéma 2**).*

préparation du dos et des rabats

schéma 1

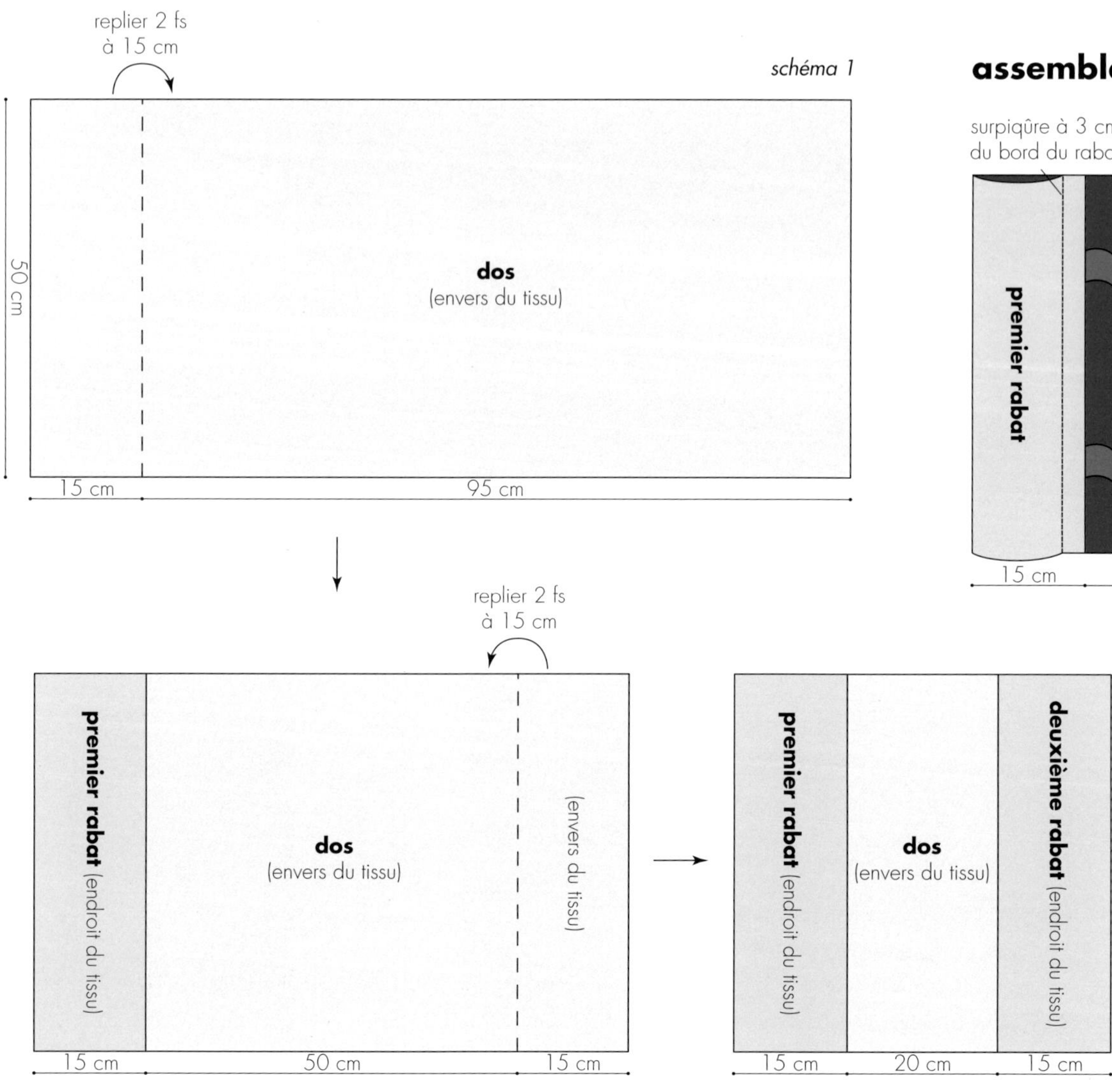

assemblage *schéma 2*

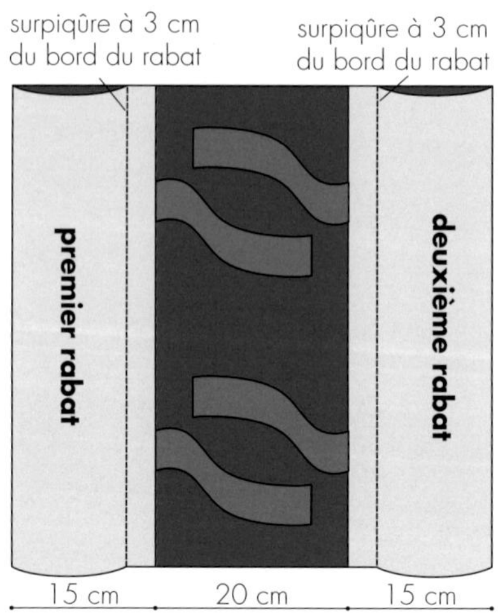

Voir points de broderie et conseils couture pages 68 à 79

Retourner l'ouvrage sur l'envers et faire les coutures du haut et du bas, en laissant une ouverture sur le haut ou sur le bas, puis retourner sur l'endroit. Glisser le coussin dans la housse obtenue et fermer l'ouverture à points glissés invisibles.
Nouer les rubans 2 à 2.

Ours aux noyaux de cerises

↘

Ours aux noyaux de cerises (suite)

Voir points de broderie et conseils couture pages 68 à 79

Voir les gabarits dans l'encart détachable ❸
Ajouter une marge de couture pour tous les gabarits, sauf mention contraire indiquée par le symbole ❖

Dimensions : environ 80 cm de largeur

Les fournitures

- *45 x 110 cm de tissu pour le coussin*
- *50 x 55 cm de tissu pour la tête et les pattes*
- *7,5 x 50 cm de tissu pour le nœud*
- *25 x 240 cm de toile pour la doublure*
- *1 kg de noyaux de cerises*
- *2 yeux de verre noirs de 9 mm de diamètre*
- *Coton à broder de DMC n°3743*
- *Ouate synthétique de rembourrage*
- *Fermeture à glissière de 25 cm*

plans de coupe

tissu (45 x 110 cm, plié en 2)

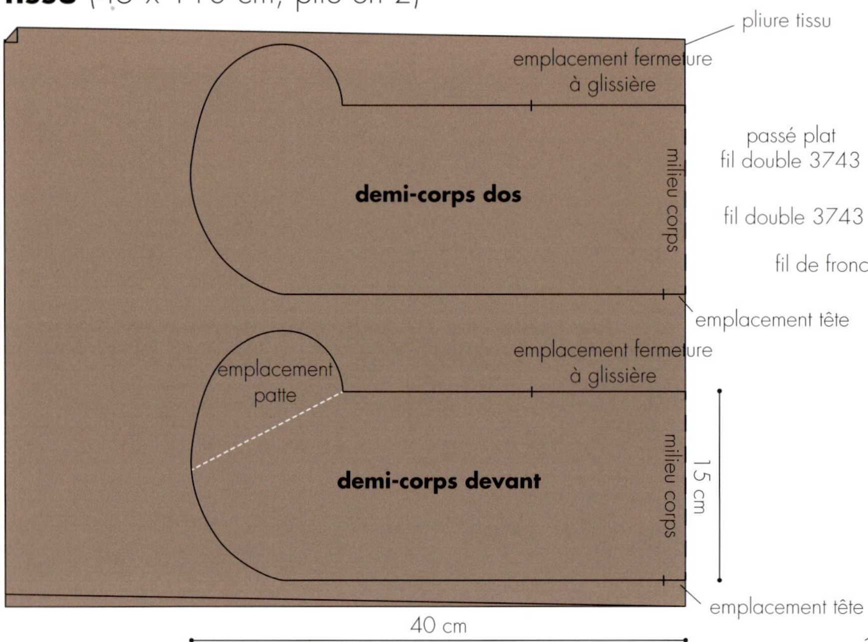

tissu (50 x 55 cm)

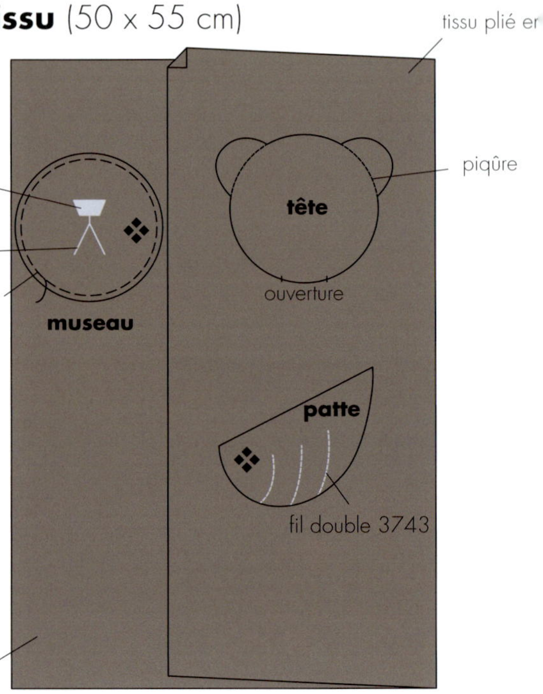

De Lander

La marche à suivre

Reporter les gabarits de la tête et des pattes sur le tissu et les découper en ajoutant une marge de couture. Coudre les pièces de la tête endroit contre endroit tout autour, en laissant une ouverture. Retourner la tête et faire une piqûre pour marquer les oreilles. Rembourrer la tête fermement.
Passer un fil de fronce autour du museau, le rembourrer fermement, serrer le fil de fronce et faire un nœud. Coudre le museau sur la tête au point d'échelle, le côté ouvert tourné vers la tête.
Fixer les yeux sur la tête et broder le nez.
Couper le coussin dans le tissu, en ajoutant une marge de couture.
Assembler les pattes à l'emplacement indiqué ***(voir plan de coupe p.44)****. Broder les doigts avec 2 brins.*
*Coudre le bas du coussin, en laissant une ouverture pour la fermeture à glissière. Coudre la fermeture à glissière (****voir p.78****).*
Placer le devant et le dos du coussin l'un contre l'autre, endroit contre endroit et coudre le haut du coussin, sans oublier d'insérer la tête entre le devant et le dos.
Réaliser le nœud : couper une bande de 7,5 x 50 cm, la plier en 2, endroit contre endroit et bords longs l'un sur l'autre, et coudre sur la longueur. Retourner la bande sur l'endroit. Fixer la bande autour du cou de l'ours et faire un nœud.
Réaliser la doublure en se reportant au même patron que le coussin, mais en laissant une ouverture pour retourner la doublure et la rembourrer avec les noyaux de cerises. Fermer l'ouverture.
Diviser la doublure en 3 parties en faisant 2 piqûres et répartir les noyaux de cerises dans les 3 poches obtenues pour le bon équilibre du coussin.
Réchauffer le coussin au four à micro-ondes : mouiller légèrement le coussin aux noyaux de cerises et le faire chauffer pendant 3 minutes à 750 watt.

Welcome à la famille ours

Voir les gabarits dans l'encart détachable ❸
Ajouter une marge de couture pour tous les gabarits, sauf mention contraire indiquée par le symbole ❖

Dimensions : largeur 34,5 cm, hauteur 34,5 cm

Les fournitures

- 25 x 25 cm de toile pour la broderie
- 15 x 40 cm de tissu pour le toit
- 20 x 25 cm de tissu pour les volets
- 50 x 75 cm de tissu de doublure pour le dos du panneau + le texte + les côtés + le bas
- 40 x 90 cm d'entoilage thermocollant
- Chutes de tissus blanc et rose pour les appliqués
- 15 x 45 cm de voile thermocollant double-face
- 3 fois 40 cm de molleton rigide Jeffytex
- Cotons à broder de DMC dans les coloris n°157-158-839-3862-3863-3837

La marche à suivre

Reporter le dessin de la famille d'ours sur le tissu de toile et fixer un carré d'entoilage thermocollant sur l'envers à l'aide du fer à repasser. Broder les ours avec les cotons à broder en suivant les numéros sur le dessin ci-dessous, en réalisant les contours avec 2 brins et les lignes intérieures avec 1 brin.
Les points utilisés : le point de piqûre, le point de bouclette et le passé plat.

Voir points de broderie et conseils couture pages 68 à 79

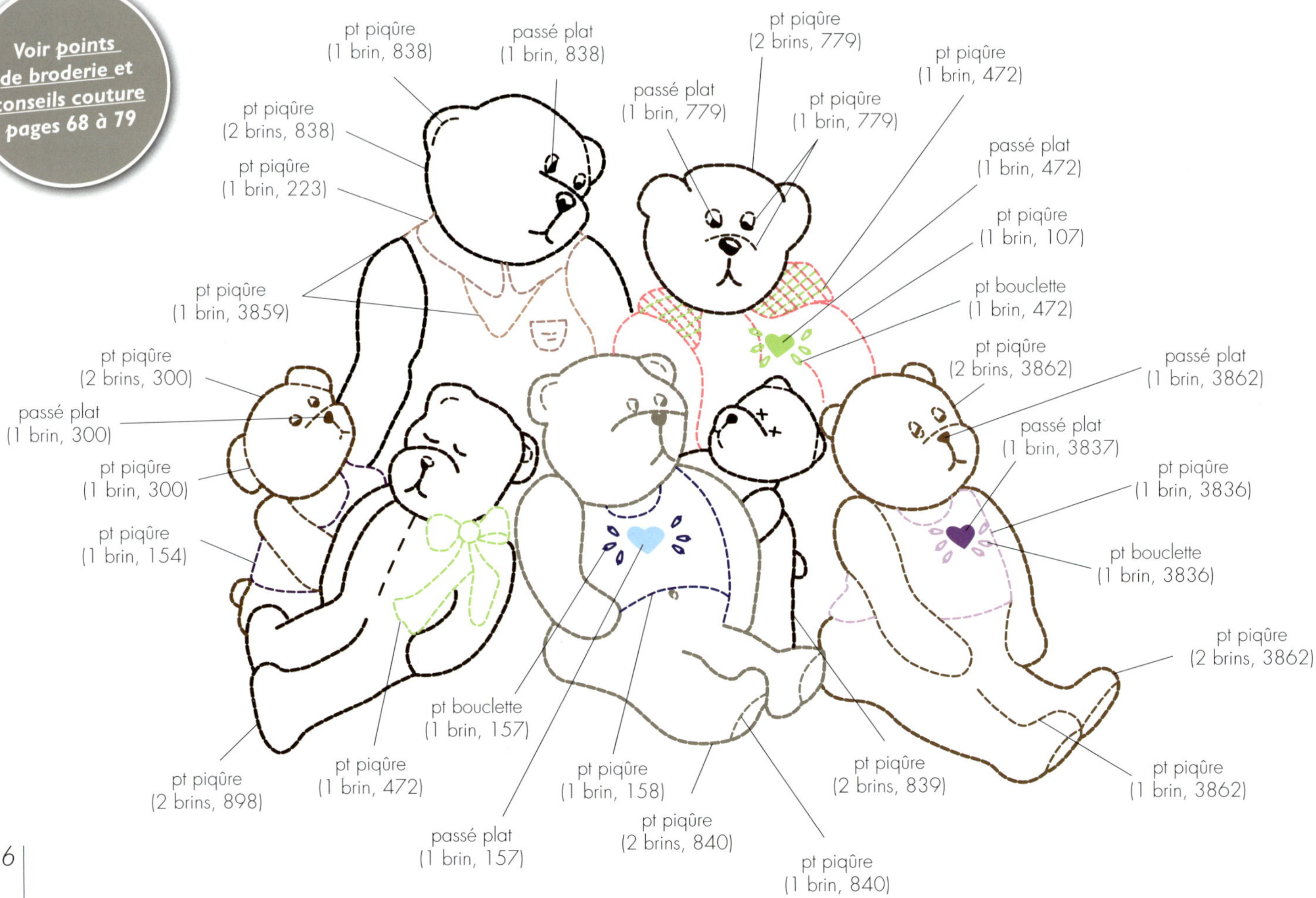

bienvenue...

plan de coupe

tissu volet (20 x 25 cm, tissu plié en 2)

schéma 1

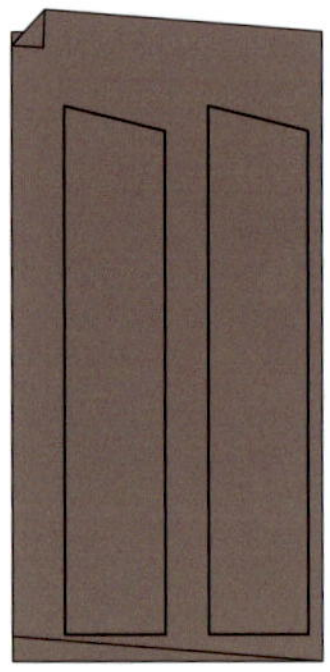

ajouter une marge de couture

montage pas à pas

schéma 2

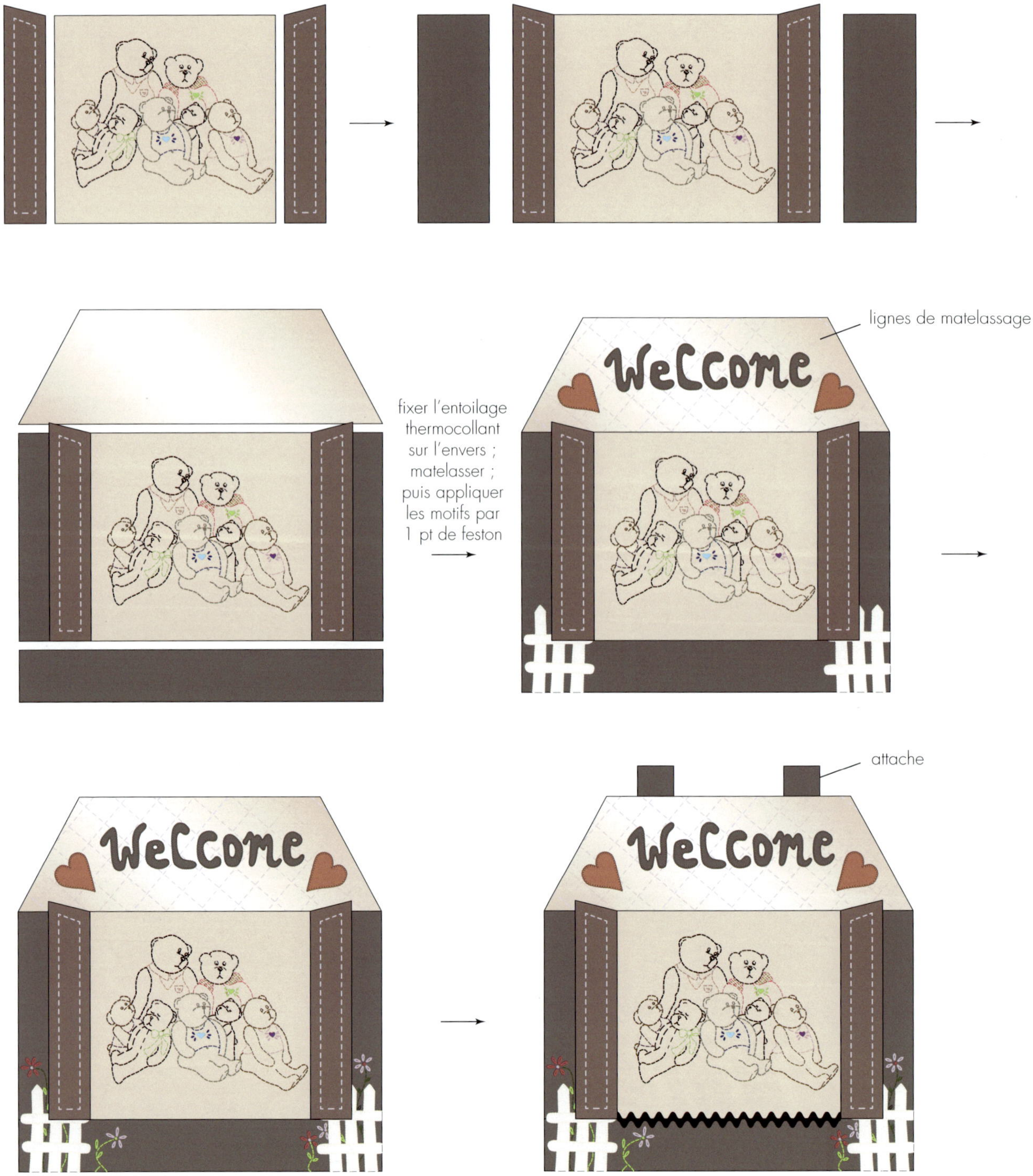

*Une fois la broderie terminée, recouper le panneau à 21,5 x 20 cm, tout en ajoutant une marge de couture. Reporter le gabarit du volet sur le tissu plié en 2 (**voir schéma 1**), le découper, et pour chaque volet fixer un rectangle d'entoilage thermocollant entre les 2 épaisseurs, coudre tout autour en laissant une ouverture. Retourner sur l'endroit. Broder le rectangle intérieur.*
En s'aidant du schéma 2, assembler toutes les pièces de la maison, en ajoutant une marge de couture. Commencer par coudre les volets sur le panneau brodé puis les 2 côtés. Coudre ensuite le toit et le bas sur la partie centrale.
Fixer l'entoilage thermocollant sur l'envers de la maison à l'aide du fer à repasser.
Réaliser les lignes de matelassage sur le toit en suivant le dessin de matelassage.
Appliquer les motifs (les cœurs et le texte) à l'aide du voile thermocollant sur le panneau et réaliser autour chacun des motifs un point de feston espacé avec 1 brin de coton à broder.
Broder les fleurs sur le bas du panneau.
Réaliser 2 attaches : dans le tissu de doublure, couper 2 rectangles de 7,5 x 10 cm, replier chaque rectangle en 2, endroit contre endroit, coudre en laissant une ouverture, retourner sur l'endroit.
Superposer la doublure et le panneau, endroit contre endroit, les assembler sans oublier d'insérer les attaches sur le haut. Laisser le bas ouvert.
Couper le molleton rigide aux dimensions du panneau, le glisser entre le devant et le dos, fixer à l'aide du fer à repasser et fermer le bas à la main.

Ours et cœur pendant

Voir les gabarits dans l'encart détachable ❸
Ajouter une marge de couture pour tous les gabarits, sauf mention contraire indiquée par le symbole ❖

Dimensions : hauteur 25 cm, largeur 25 cm

Les fournitures

- *30 x 35 cm de tissu de laine pour la tête et les pattes*
- *2 yeux de verre noirs de 9 mm de diamètre*
- *Coton perlé n°8 de DMC marron*
- *Ouate synthétique de rembourrage*
- *40 x 110 cm de tissu pour le cœur et les bandes*
- *Fil à quilter Serafil*

La marche à suivre

Reporter les ronds de la tête, du museau, des oreilles et des pattes sur le tissu de laine sans ajouter de marge de couture.

Voir points de broderie et conseils couture pages 68 à 79

plans de coupe

tissu laine (35 x 35 cm)

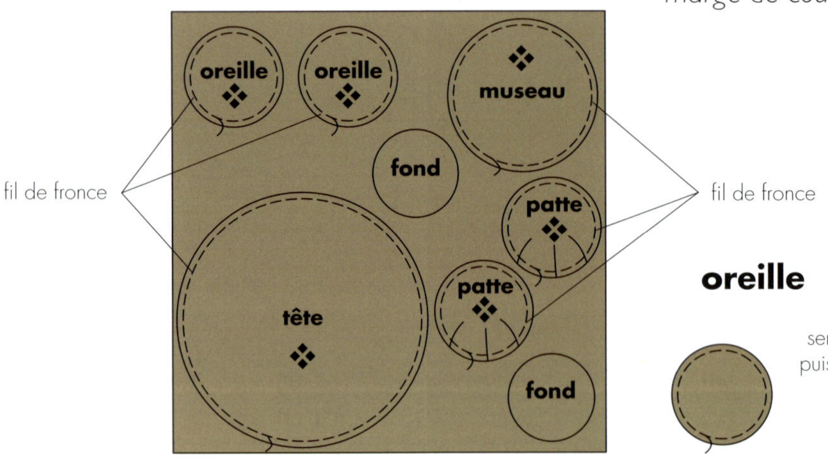

oreille

tissu (40 x 110 cm)

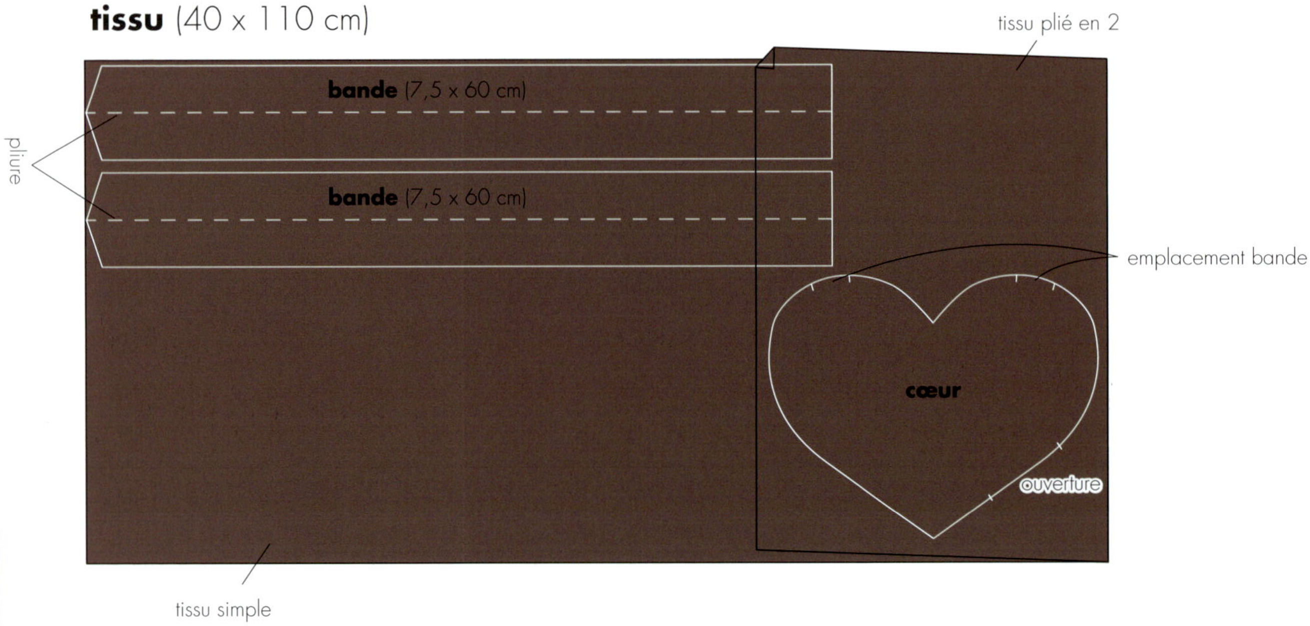

Passer un fil de fronce (Serafil) autour de tous les ronds.
Rembourrer les ronds de la tête, du museau et des pattes avec de la ouate, toujours bien serrer le fil de fronce et faire un nœud solide.
Coudre le museau sur la tête, le côté ouvert tourné vers la tête, côté plein. (Le côté fil de fronce est le derrière de la tête).
Plier en 2 les oreilles, former les oreilles à l'aide du pouce, et fixer les oreilles sur la tête au point d'échelle.
Enfoncer les yeux dans la tête et broder le nez.
*Broder les orteils sur les pattes (**voir p.69**).*
Superposer les 2 pièces du fond de la tête, endroit contre endroit, coudre tout autour en laissant une ouverture. Retourner le fond de la tête sur l'endroit et le coudre sur l'ouverture de la tête (côté fil de fronce).

***Le cœur :** reporter les gabarits sur le tissu, en ajoutant une marge de couture, et les découper. Pour les bandes, couper 2 rectangles de 7,5 x 60 cm.*
Plier chaque bande en 2, endroit contre endroit et bords longs l'un sur l'autre. Coudre sur la longueur.
Retourner les bandes sur l'endroit et repasser.
*Placer les bandes entre le devant et le dos du cœur (**voir la photo pour le postionnement**).*
Coudre le cœur, en laissant une ouverture de rembourrage. Retourner le cœur sur l'endroit et le rembourrer très fermement. Fermer l'ouverture.
Coudre la tête et les pattes de l'ours sur le cœur avec le fil à quilter.

Porte-cartes

Voir points de broderie et conseils couture pages 68 à 79

Voir les gabarits dans l'encart détachable ❸
(ceux-ci sont donnés marge de couture comprise)

Dimensions : 30 x 60 cm

Les fournitures

- *Châssis entoilé de 30 x 60 cm*
- *50 x 110 cm de tissu*
- *50 x 90 cm d'entoilage thermocollant H640*
- *4 bandes de tissu de 3,5 x 100 cm pour les rubans*
- *35 x 35 cm de tissu de laine pour l'ours*
- *2 yeux de verre noirs de 9 mm de diamètre*
- *2 boîtes de boutons à recouvrir de 15 mm de diamètre*
- *Ouate synthétique de rembourrage*
- *Coton perlé n°8 marron*
- *Fil pour fronces (Serafil)*

La marche à suivre

L'ours : *reporter tous les gabarits sur le tissu de laine sans ajouter de marge de couture, et les découper.*
Passer un fil de fronce sur le museau, la tête et les pattes, les rembourrer fermement en serrant le fil de fronce et faire un nœud.
Coudre le museau sur la tête, le côté ouvert tourné vers la tête.
Passer un fil de fronce autour des 2 ronds des oreilles, serrer, plier les oreilles en 2. Former les oreilles à l'aide du pouce et les coudre sur la tête au point d'échelle.
Enfoncer les yeux dans la tête et broder le nez sur le museau avec le coton perlé (voir p.69).
Réaliser le fond de la tête. Placer les 2 ronds de tissu l'un sur l'autre, endroit contre endroit, les coudre tout autour, retourner sur l'endroit et coudre le fond sur le bas de la tête.
Broder les doigts sur les 2 pattes avec le coton perlé.

Le porte-cartes : *tendre en même temps le tissu et l'entoilage thermocollant sur le châssis entoilé et les agrafer au dos du support, en veillant à bien plier les angles.*
Réaliser les rubans du devant du panneau. Prendre une bande de 3,5 cm de large, faire 2 petits rentrés aux extrémités, la plier en 2, endroit contre endroit et bords longs l'un sur l'autre. Coudre sur la longueur de façon à obtenir un ruban fini d'1 cm, et repasser. Tendre les rubans en diagonale sur le châssis et les agrafer sur le dos, de façon à obtenir des losanges de 12 cm.
Recouvrir les boutons avec le tissu et les coudre sur les croisements des rubans.
Coller la tête sur le bord supérieur du panneau et les 2 pattes sur le haut ***(voir photo)****.*
Réaliser la bande de suspension et couper une bande de 9,5 x 110 cm. La plier en 2, endroit contre endroit et bords longs l'un sur l'autre. Coudre sur la longueur, retourner la bande sur l'endroit et l'agrafer sur le dos du châssis.

plans de coupe

tissu laine (35 x 35 cm)

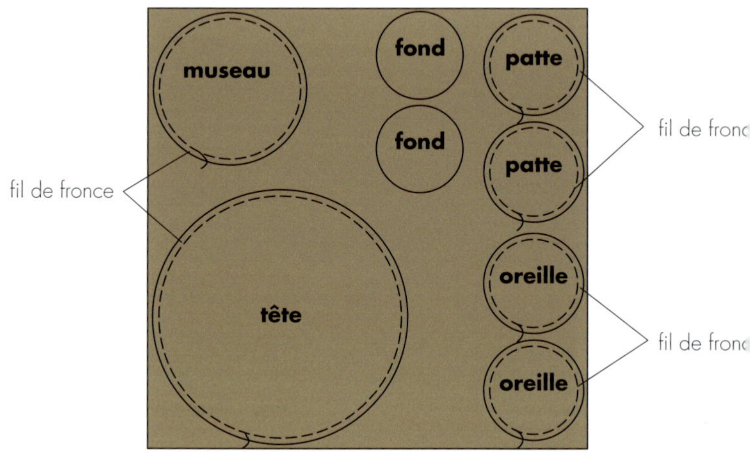

schéma oreille

oreille

disposition des éléments

les ours dorment

De Lander

teddy

Coussins "Teddy bear"

Voir les gabarits dans l'encart détachable ❶
(ceux-ci sont donnés marge de couture comprise)
Dimensions : 60 x 70 cm

Les fournitures

(pour chaque coussin)

- *100 x 140 cm de tissu*
- *30 x 40 cm de feutrine*
- *Coton à broder de DMC assorti à la feutrine*
- *3 m de cordon de coton pour le passepoil*
- *15 x 110 cm de tissu pour le passepoil*
- *4 boutons à recouvrir de 23 mm de diamètre*
- *Coussin de 60 x 70 cm*

plans de coupe ne pas ajouter de marge de couture

feutrine (30 x 40 cm)

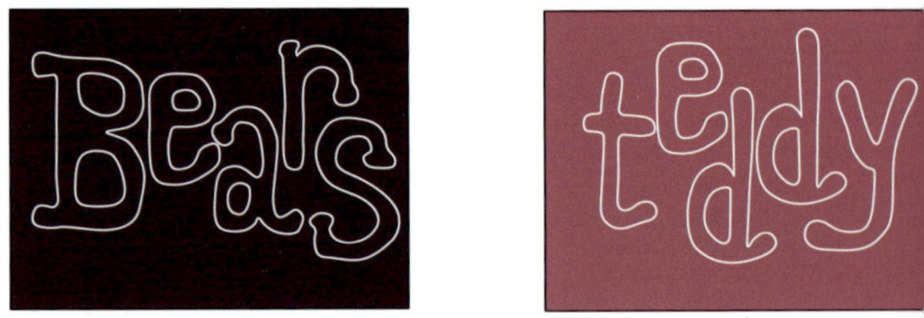

montage

devant

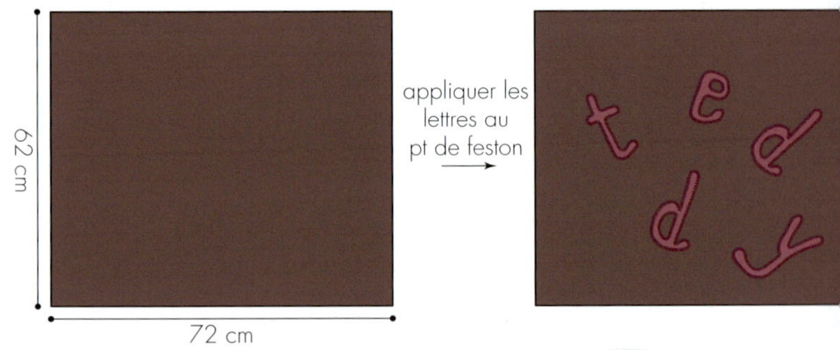

Voir points de broderie et conseils couture pages 68 à 79

dos

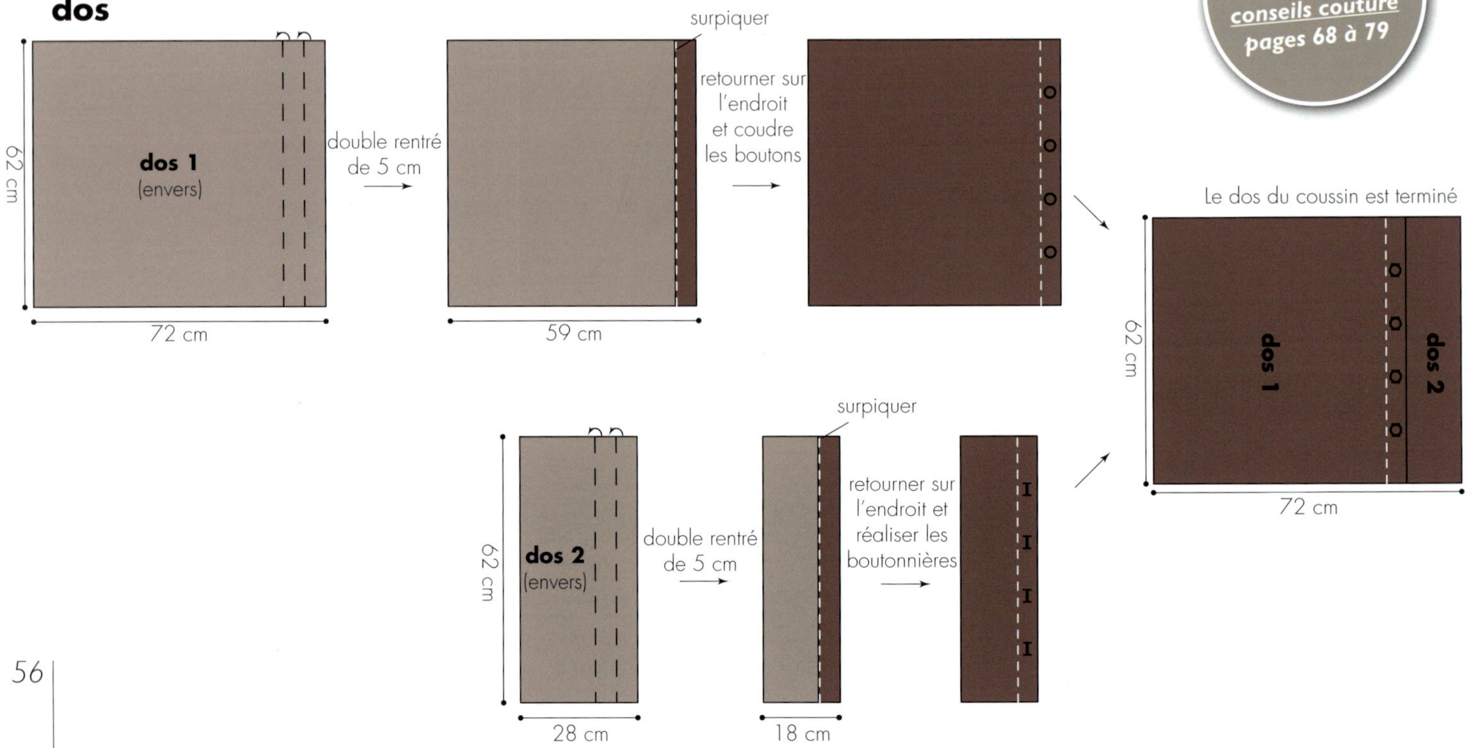

La marche à suivre

(les 2 coussins sont identiques, seuls les tissus et les textes diffèrent)

Reporter les lettres sur la feutrine et les découper.
Pour le devant du coussin, couper un rectangle de 62 x 72 cm. Appliquer les lettres sur le coussin au point de feston espacé avec 2 brins de coton à broder.
Réaliser le passepoil pour le coussin : couper une bande de 5 cm de large, dont la longueur correspond au pourtour du coussin. Plier la bande en 2, envers contre envers et les bords longs l'un sur l'autre, intercaler le cordon dans la bande et coudre le cordon à l'aide du pied de biche spécial fermeture à glissière.
*Coudre le passepoil obtenu sur le devant du coussin (**voir p.75**).*
Pour le dos du coussin, couper 1 rectangle de 62 x 72 cm et 1 rectangle de 62 x 28 cm.
*Faire sur chaque côté de 62 cm un double rentré de 5 cm (= rabattre 2 fois 5 cm) et faire une surpiqûre (**voir explications p.56**).*
Réaliser sur l'un des côtés 4 boutonnières de 28 mm.
Recouvrir les 4 boutons avec le tissu.
Superposer le dos et le devant de la housse de coussin, endroit contre endroit et les assembler.
Retourner sur l'endroit et glisser le coussin dans la housse.

assemblage dos et devant

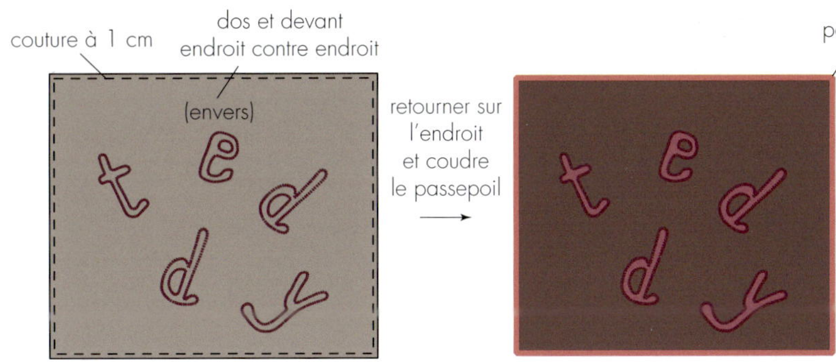

Housse de couette romantique

Voir les gabarits dans l'encart détachable ❹ et ❷
(ceux-ci sont donnés marge de couture comprise)
Dimensions : 140 x 200 cm

Les fournitures

- 50 x 55 cm de 12 tissus différents
- 240 x 160 cm pour la doublure
- pour les appliqués :

- 25 x 140 cm de tissu de toile taupe pour l'ours, les pattes et le grand cœur
- 50 x 55 cm de tissu à rayures pour le bonnet de nuit
- 10 x 25 cm de tissu pour la bordure du bonnet de nuit

- Freezer paper
- 30 x 40 cm de feutrine pour le texte et le nez
- Laine pour le pompon
- Boutons à recouvrir de 15 mm, de 19 mm et de 23 mm de diamètre
- 100 x 90 cm d'entoilage thermocollant pour les cœurs et les boutons
- Coton à broder de DMC assorti n°3743 pour les cœurs et les nœuds de matelassage
- Coton perlé n°8
- Différentes sortes de rubans et de dentelles
- Une couette de 140 x 200 cm

La marche à suivre

Commencer par numéroter les 12 tissus, puis couper les tissus en suivant le schéma de coupe. Les mesures du schéma de coupe sont données **marge de couture comprise**.
Couper dans le tissu de doublure un rectangle de 145 x 210 cm pour le dos ainsi que les blocs 23, 31, 46 et 34 (**voir plan de coupe**).
Poser tous les blocs sur un drap selon les indications du schéma d'assemblage.
Coudre les dentelles sur les blocs concernés.
Assembler toutes les pièces du quilt.
À l'aide du Freezer paper, appliquer l'ours et ses pattes sur le quilt (**voir le dessin dans l'encart et le schéma**).
Pour la poche en forme de cœur, doubler les 2 pièces du cœur avec la pièce en entoilage thermocollant, les assembler en laissant une petite ouverture, retourner le cœur sur l'endroit de façon à ce que l'entoilage thermocollé se trouve à l'intérieur et repasser. Avec le coton à broder, réaliser une ligne de points avant à 0,5 cm du bord. Appliquer la poche sur le quilt (**voir le schéma d'assemblage pour son positionnement**).
Réaliser 9 petits cœurs : pour chacun des cœurs, superposer les 2 pièces du cœur, endroit contre endroit, fixer l'entoilage thermocollant, coudre tout autour, faire une fente dans l'une des épaisseurs du tissu, retourner sur l'endroit de façon à ce que l'entoilage thermocollé se trouve à l'intérieur, et repasser.
Coudre les dentelles autour des cœurs.
Fixer les cœurs avec le coton à broder et un point avant sur le quilt (**voir le schéma d'assemblage pour leur positionnement**).
Reporter le texte sur la feutrine, le découper et l'appliquer sur le quilt avec le coton à broder au point de feston espacé (**voir le schéma d'assemblage pour son positionnement**).
Superposer la doublure et le top, endroit contre endroit, faire une couture sur les 4 côtés, en laissant une ouverture, retourner sur l'endroit, glisser la couette dans la housse et fermer l'ouverture.
Recouvrir les boutons avec l'entoilage thermocollant et le tissu.
Réaliser un pompon en laine, à l'aide du gabarit, et en faire une jolie boule bien ronde.

De Lander

Voir points de broderie et conseils couture pages 68 à 79

Fixer tous les boutons sur le quilt en piquant à travers les 3 épaisseurs (top, couette, doublure) et faire un double nœud au dos du quilt.
Coudre le pompon sur le bonnet de nuit.
Avec le coton perlé, faire des nœuds au dos à plusieurs endroits en piquant à travers les 3 épaisseurs pour maintenir la couette bien en place.

plans de coupe

tissu doublure (160 x 240 cm) Ajouter une marge de couture uniquement pour les appliqués et les cœurs

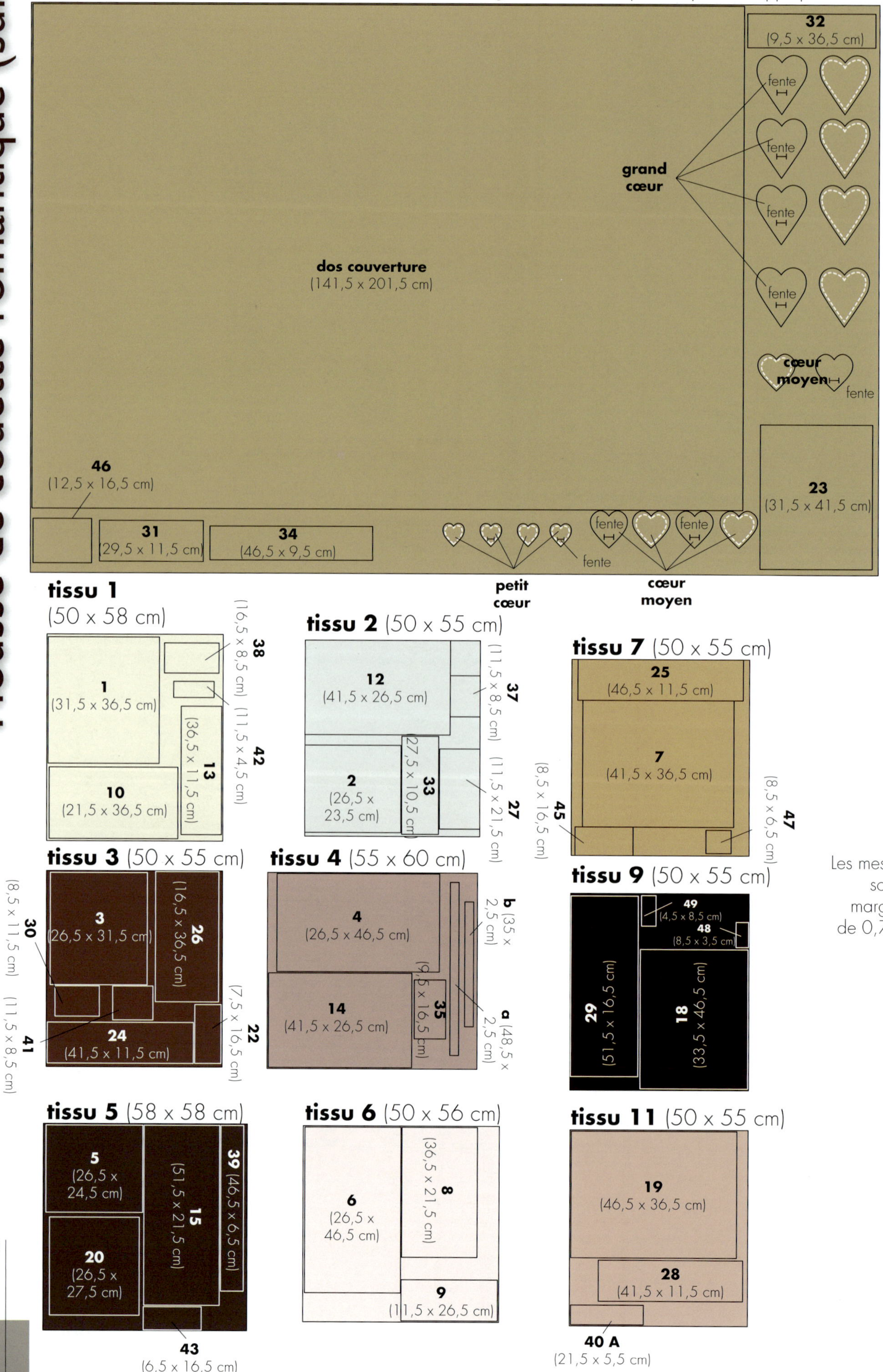

Les mesures des pièces sont données marge de couture de 0,75 cm comprise

plans de coupe

feutrine (30 x 40 cm)

tissu rayé (50 x 55 cm)

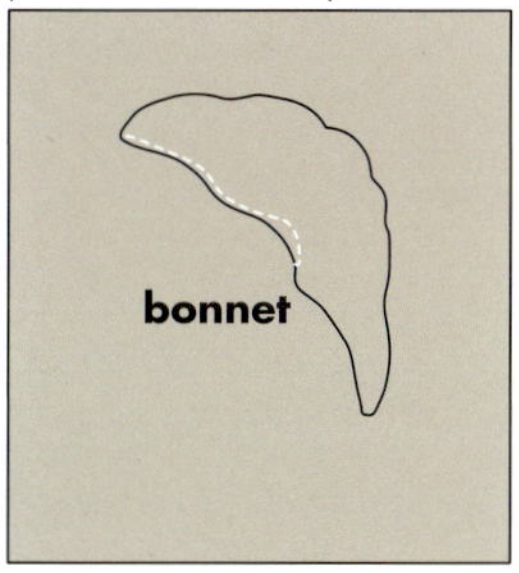

entoilage thermocollant (90 x 100 cm)

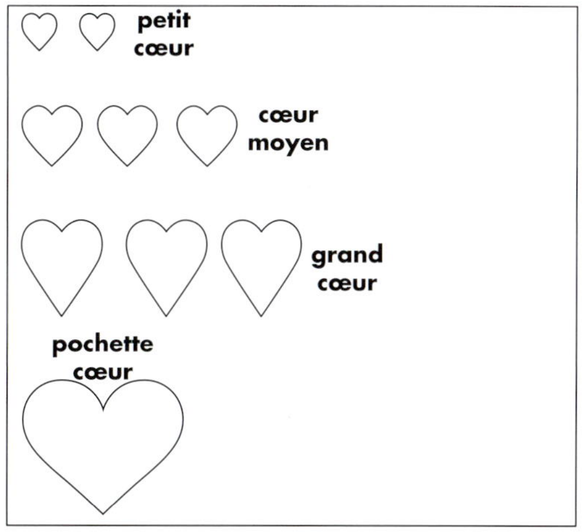

tissu (25 x 140 cm, plié en 2)

tissu (10 x 25 cm)

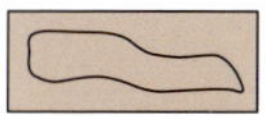

bordure bonnet

Ajouter une marge de couture uniquement pour les appliqués et les cœurs

Les mesures des pièces sont données marge de couture de 0,75 cm comprise

tissu 8 (50 x 55 cm)

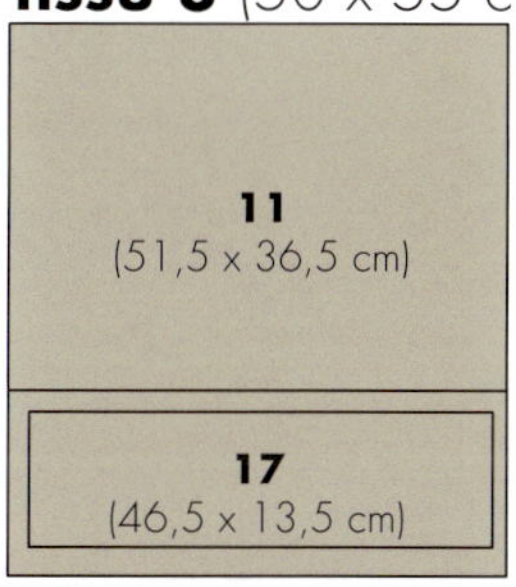

tissu 10 (50 x 55 cm)

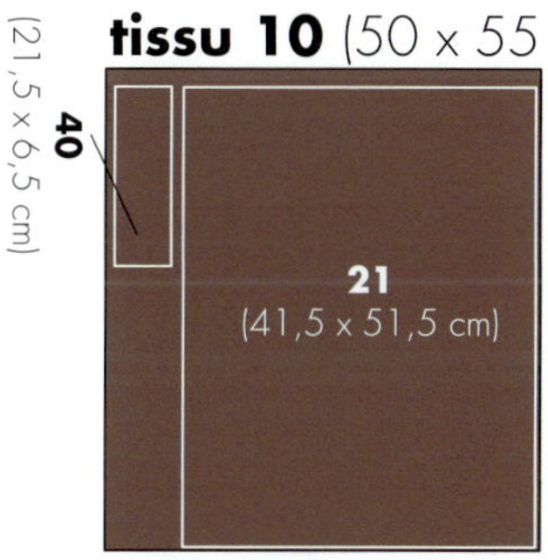

tissu 12 (50 x 60 cm)

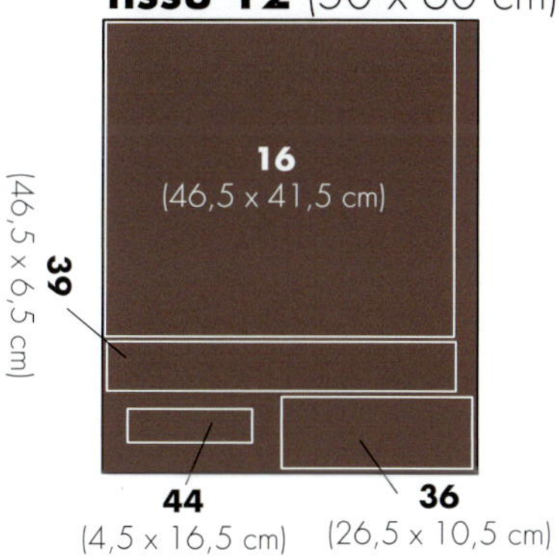

disposition des éléments

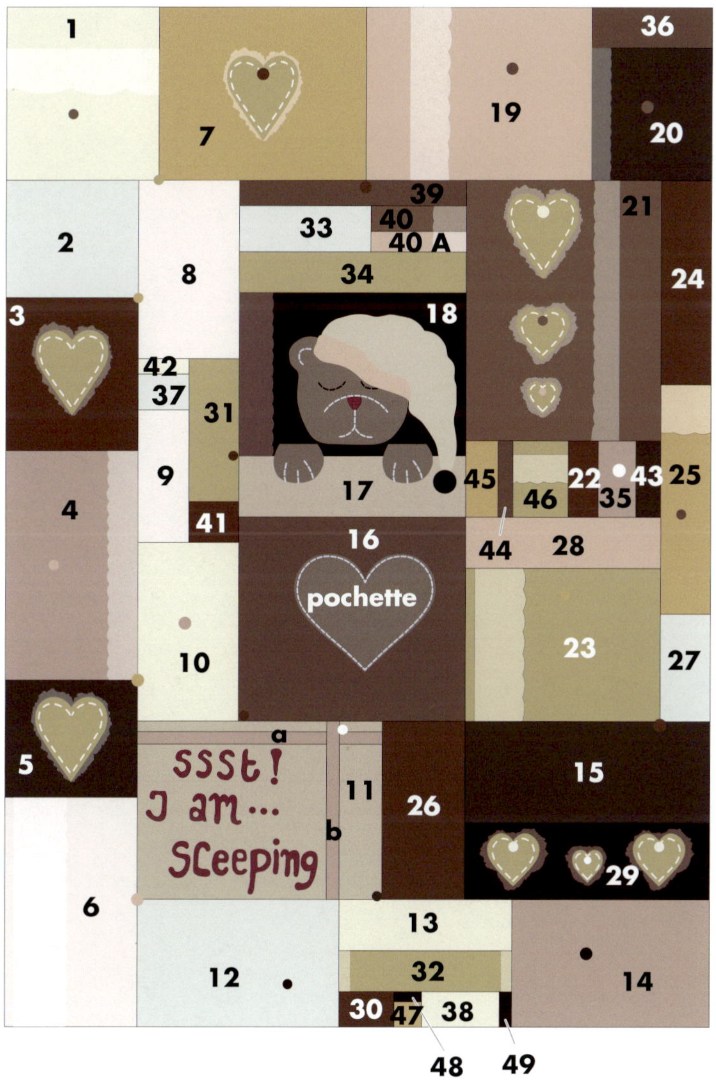

Cahier
5

souvenirs ...

Couvre-livre "Memories"

***Voir les gabarits dans l'encart détachable* ❶**
Ajouter une marge de couture pour tous les gabarits, sauf mention contraire indiquée par le symbole ❖

Dimensions : 25 x 30 cm (50 x 60 cm ouvert)

Les fournitures

- *Un cahier format A4, de préférence à couverture rigide*
- *35 x 110 cm de tissu imprimé (extérieur)*
- *35 x 110 cm de tissu uni (doublure)*
- *35 x 90 cm de molleton thermocollant (H630)*
- *Chutes de tissu et de Vlieseline thermocollante (appliqués) : 10 x 15 cm pour l'ours et 10 x 10 cm pour le museau*
- *7 x 25 cm de feutre*
- *Cotons à broder de DMC 3743 et 838*

La marche à suivre

*Ouvrir le cahier, tracer son contour et découper le rectangle + 2 x 12 cm pour les rabats, en ajoutant une marge de couture de 1,5 cm tout autour (**voir ci-dessous le dessin du cahier qui sert d'exemple**). Couper ce même rectangle également dans le tissu de doublure et dans le molleton thermocollant.*

plans de coupe

tissu et Vlieseline (10 x 15 cm)

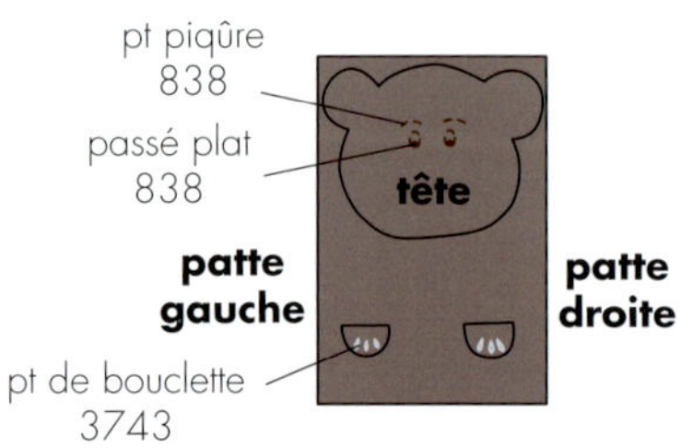

tissu et Vlieseline (10 x 10 cm)

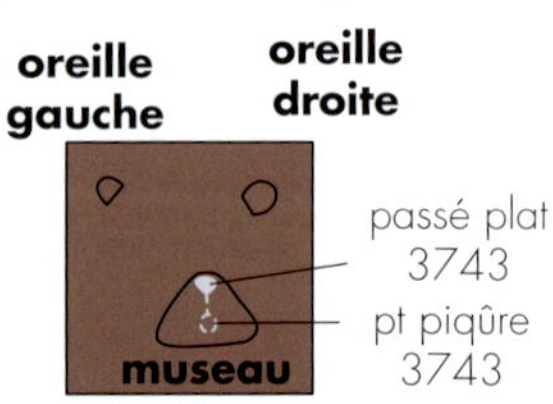

feutre (7 x 25 cm)

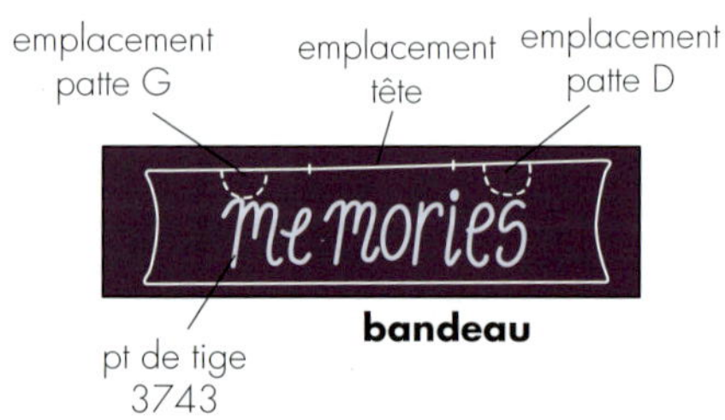

protège-cahier à couper 1 fs dans le tissu, 1 fs dans le molleton et 1 fs dans la doublure en ajoutant 1,5 cm de marge de couture tout autour

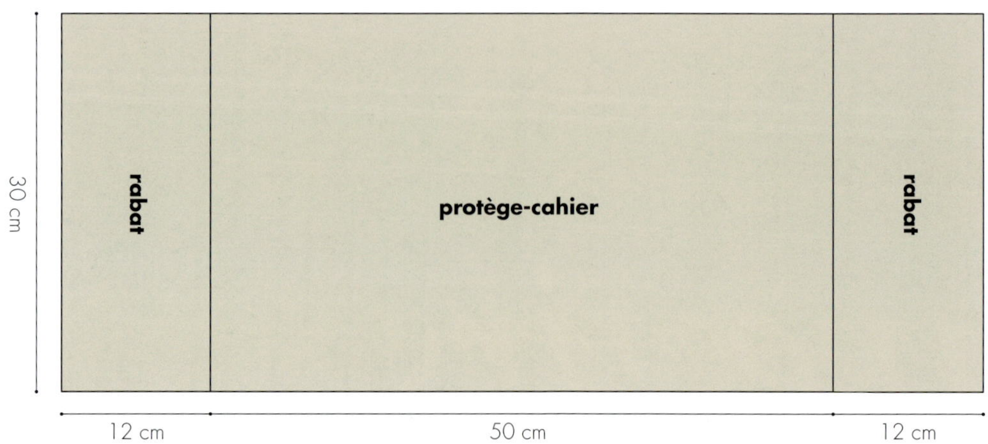

Voir points de broderie et conseils couture pages 68 à 79

Réaliser les appliqués de l'ours, en les thermocollant sur le devant du protège-cahier, et broder un point de feston autour de chaque pièce appliquée.
Broder le museau, les yeux et les orteils de l'ours, ainsi que le texte « memories ».

Disposer les rectangles de molleton thermocollant et de doublure sur le côté intérieur du couvre-livre et les fixer.
Faire une couture de 12 cm sur le haut et sur le bas pour réaliser les rabats et glisser le cahier dans les rabats.

L'ours "Fill this body"

Voir points de broderie et conseils couture pages 68 à 79

plans de coupe

tissu (15 x 75 cm, plié en 2)

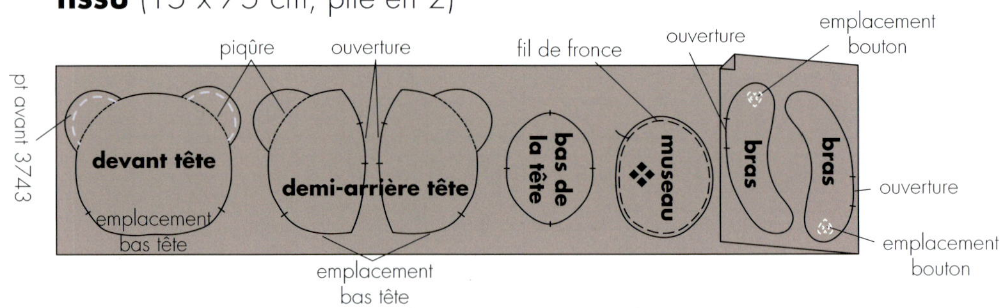

tissu (25 x 60 cm)

Voir les gabarits dans l'encart détachable ❶
Ajouter une marge de couture pour tous les gabarits, sauf mention contraire indiquée par le symbole ❖

Dimensions : environ 35 cm de hauteur

doublure (20 x 30 cm)

feutrine (10 x 10 cm)

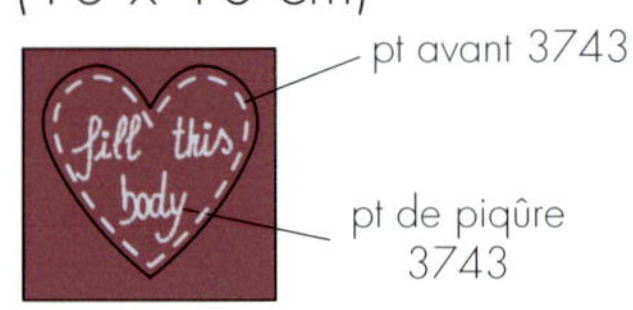

Les fournitures

- *15 x 75 cm de tissu pour la tête et les bras*
- *25 x 60 cm de tissu pour la pochette*
- *20 x 30 cm de tissu de doublure*
- *500 g de granulés d'acier + ouate synthétique (rembourrage)*
- *2 yeux de verre noirs de 9 mm de diamètre*
- *4 boutons en forme de cœur d'1 cm de hauteur*
- *10 x 10 cm de feutrine rose*
- *Coton à broder de DMC n°3743 pour le nez*

pochette (45 x 25 cm)

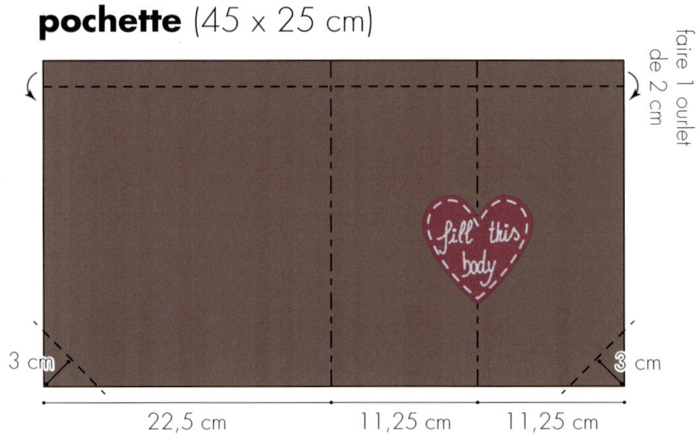

pli des côtés

La marche à suivre

Reporter les gabarits de la tête, du museau et des bras sur le tissu et les découper en ajoutant une marge de couture.
Assembler les 2 demi-têtes arrière, en laissant une ouverture pour le rembourrage.
Assembler le devant et l'arrière de la tête jusqu'aux repères (**voir le plan de coupe**).

Assembler le bas de la tête et la tête, retourner sur l'endroit et faire une piqûre pour marquer les oreilles.
Bourrer la tête en commençant par verser les granulés d'acier, puis rembourrer fermement le reste avec de la ouate. Fermer l'ouverture.
Passer un fil de fronce autour du museau, serrer, rembourrer le museau fermement avec de la ouate et le coudre sur la tête à l'aide du fil à quilter.
Enfoncer les yeux dans la tête, broder le nez et réaliser sur le contour des oreilles une ligne de décoration au point avant (**voir p.69**).
Assembler les bras (2 pièces endroit contre endroit) en laissant une ouverture, les retourner sur l'endroit, rembourrer et fermer l'ouverture.
La pochette : avec 2 brins de fil de coton à broder, broder le texte sur le cœur en feutrine au point lancé.
Couper la pochette (= 25 x 45 cm) (**voir schéma p.66**).
Coudre le cœur en feutrine sur l'emplacement (**voir photo**).
Faire un ourlet de 2 cm sur le haut de la pochette, coudre les côtés et le bas, puis faire une piqûre sur les angles du bas de façon à obtenir un fond (**voir p.74**). Faire les plis sur les côtés de la pochette (**voir schéma**) et les coudre.
Pour la doublure, couper un rectangle de 20 x 30 cm, coudre les côtés et le bas et faire une piqûre de 2,5 cm sur les angles du bas de façon à obtenir un fond.
Glisser la doublure dans la pochette et assembler à petits points à la main.
Couper 2 bandes de 5,5 x 7 cm pour les attaches. Les coudre tout autour en laissant une ouverture et retourner sur l'endroit.
Avec le fil à quilter, coudre les attaches sur la tête et les fixer sur la pochette par 2 boutons en forme de cœur.
À l'aide d'un bouton, fixer les bras aux emplacements des plis de la pochette.

Les points de broderie

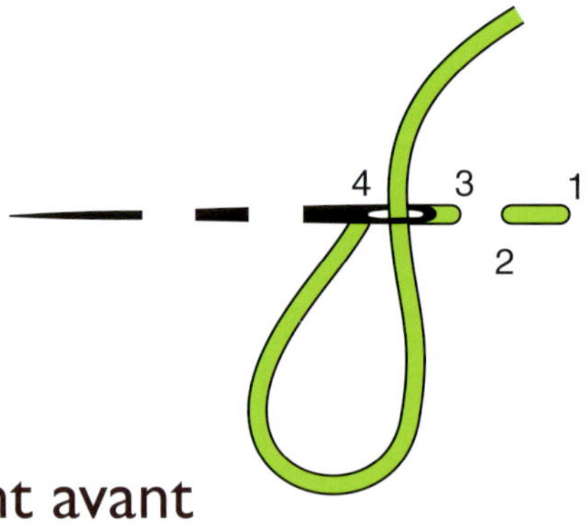

Le point avant

Il s'exécute de droite à gauche. L'aiguille traverse le tissu, passe dessous puis repasse sur le dessus du tissu à intervalle régulier. Sortir en 1, piquer en 2, sortir en 3 et repiquer en 4. Pour remplir une grande surface, contrarier les points par rapport aux points précédents.

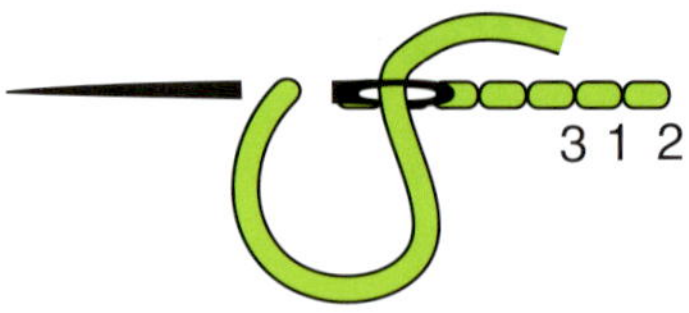

Le point de piqûre

Il s'exécute de droite à gauche. Faire sortir l'aiguille en 1, piquer à droite en 2 pour sortir en 3 (la distance de 1 à 2 est la même que de 3 à 1). Repiquer en arrière en 1, en veillant à ne pas abîmer les fils du point précédent. Les points doivent être très réguliers.

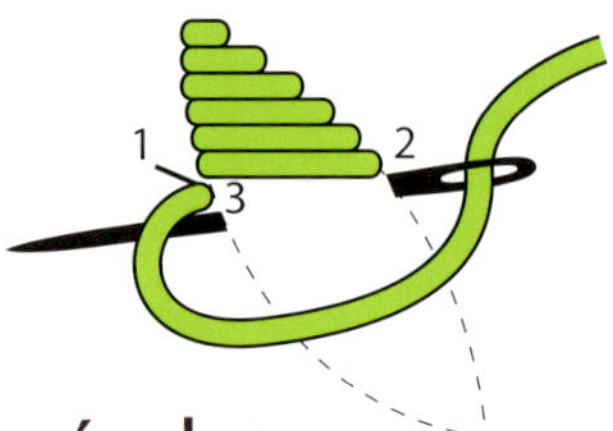

Le passé plat

Il s'exécute de gauche à droite et de bas en haut. Le fil sort en 1. Piquer l'aiguille en 2 et ressortir en 3. Ce point permet de couvrir des surfaces et doit être réalisé de façon très régulière.

Le point de feston espacé

Il s'exécute de gauche à droite. Ce point se brode avec un espace régulier entre chaque point. Dans le cas où la lisière du tissu est brodée, piquer l'aiguille en 2 à angle droit par rapport au bord du tissu en maintenant le fil sous la pointe de l'aiguille.

A

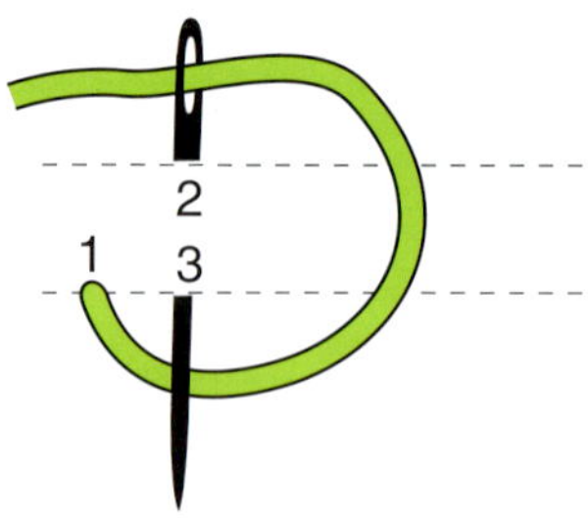

B

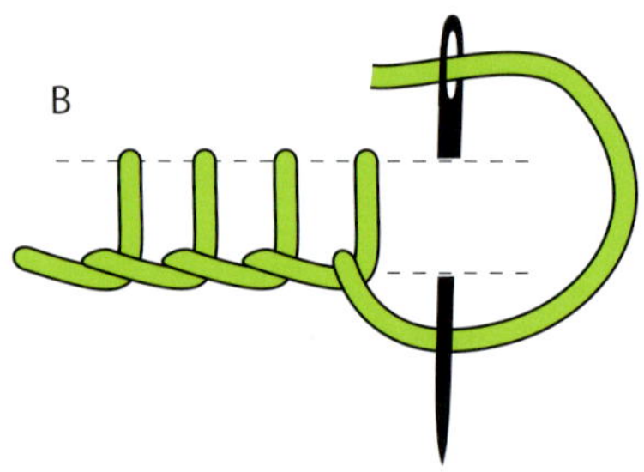

C
Pour s'arrêter

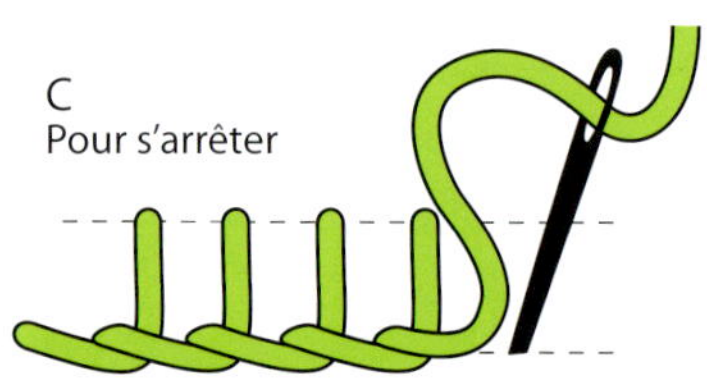

Ce joli chaton photographié bien de face permet de visualiser quelques détails de broderie que l'on retouve dans la majorité de nos modèles : le marquage des oreilles, celui des orteils ou des doigts, et du museau.
Le plan de coupe montre ici que le tissu est partiellement plié en 2. Les pièces avec des dimensions et le symbole ❖, indiquent qu'il n'y a pas à ajouter de marge de couture. Les autres pièces sont réalisées avec les gabarits, auxquels il faut ajouter une marge de couture.
À côté des points de broderie, figure le n° du fil à employer.

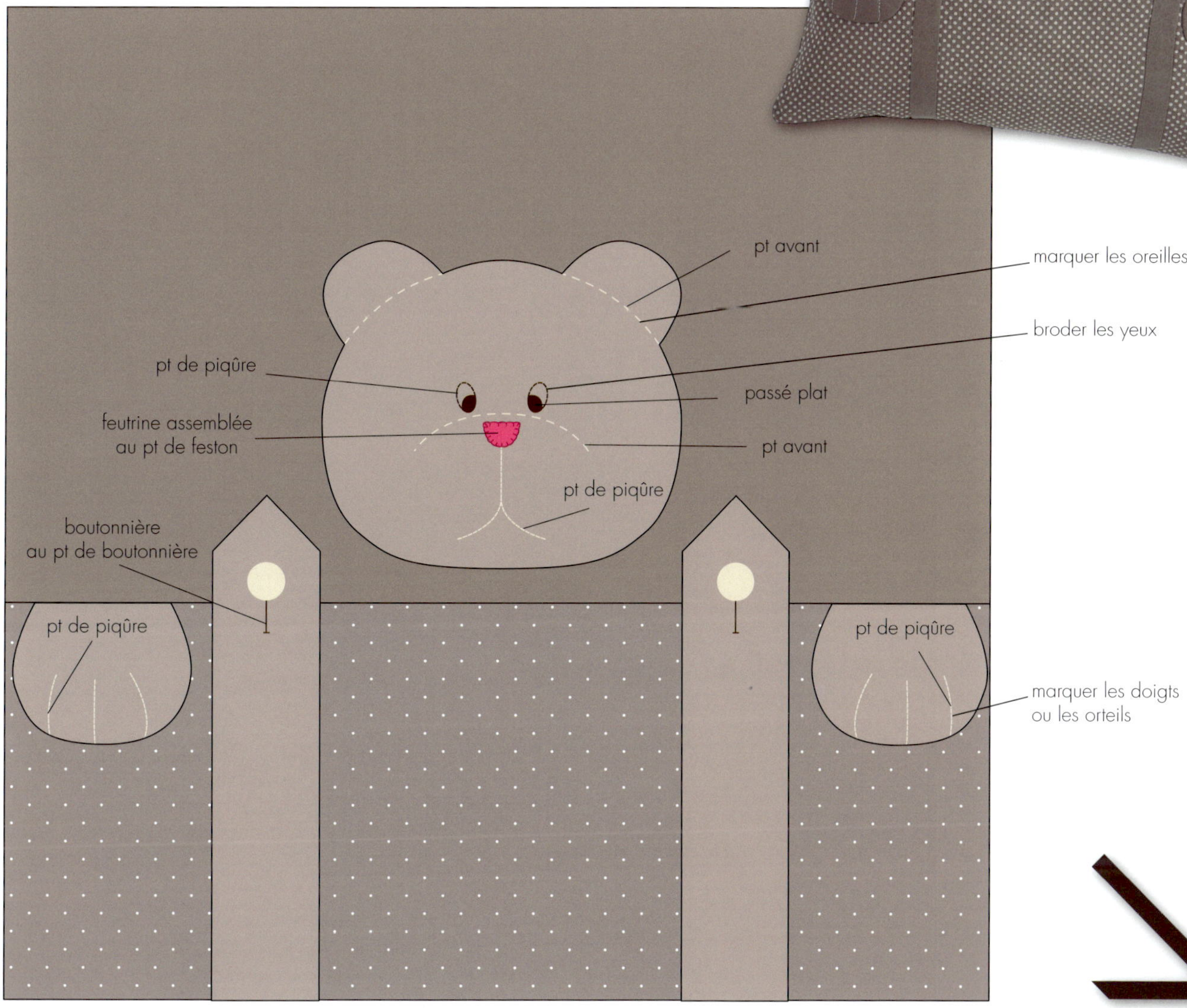

plan de coupe

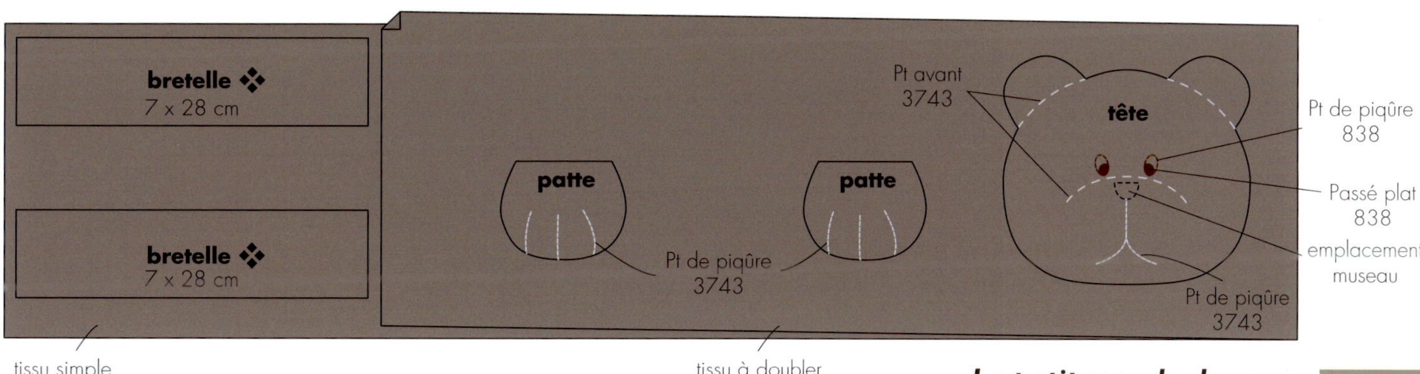

Les points de broderie

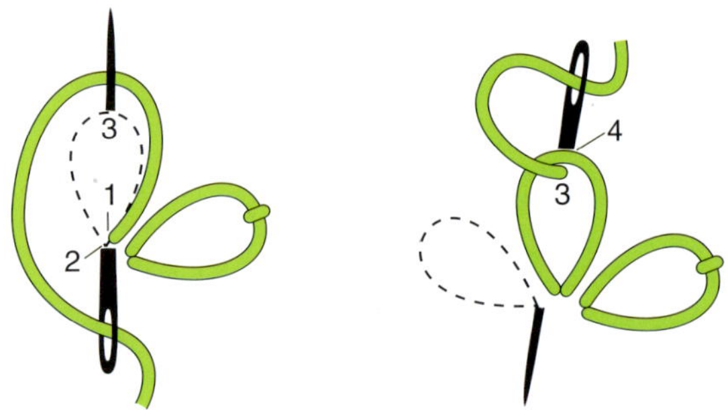

Le point de bouclette

Ce point s'utilise surtout pour broder des pétales de fleurs ou des petites feuilles. Le fil sort en 1. Piquer l'aiguille en 2 et ressortir en 3 en formant une boucle souple sans trop tirer sur le fil. Maintenir cette boucle par un petit point vertical en piquant à nouveau en 4. Pour remplir la surface des pétales ou des fleurs, il est possible de broder un deuxième point de bouclette à l'intérieur du premier et d'ajouter un point lancé au centre.

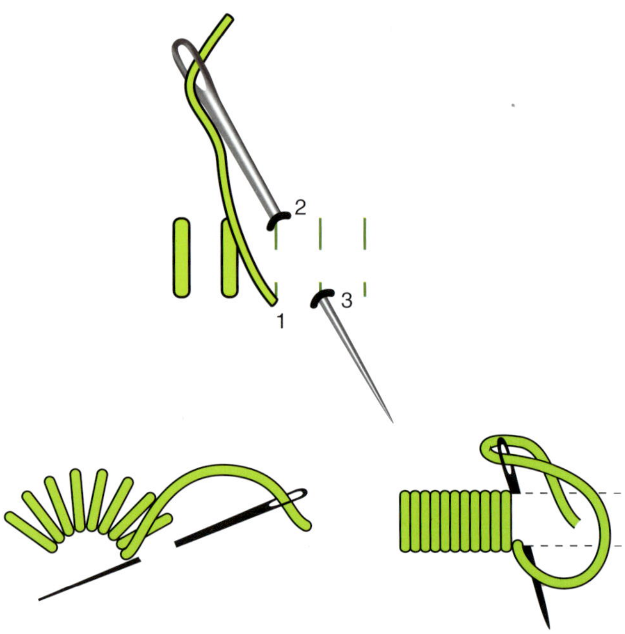

Le point lancé

Ce point recouvre en un seul point la ligne du tracé. Le fil sort en 1, piquer l'aiguille en 2 et ressortir l'aiguille en 3.

Le point de nœud colonial

Il se réalise comme le point de nœud, mais le fil forme un 8 autour de l'aiguille.

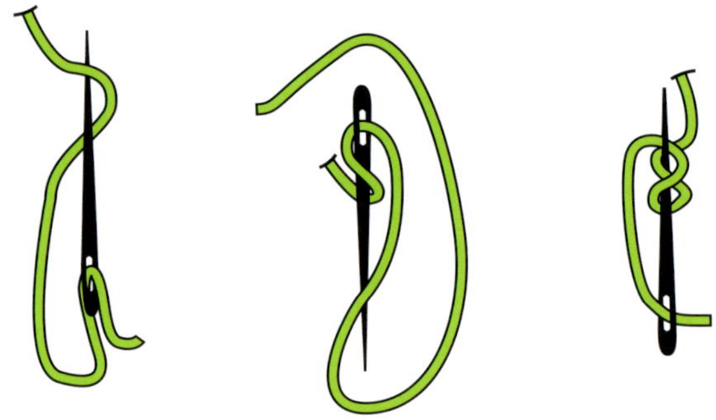

Le point d'échelle

Sortir le fil en 1, piquer en 2 et ressortir en 3. Puis piquer en 4 et ressortir en 5. Continuer selon le même principe jusqu'à avoir rapproché la totalité des bords des deux parties.

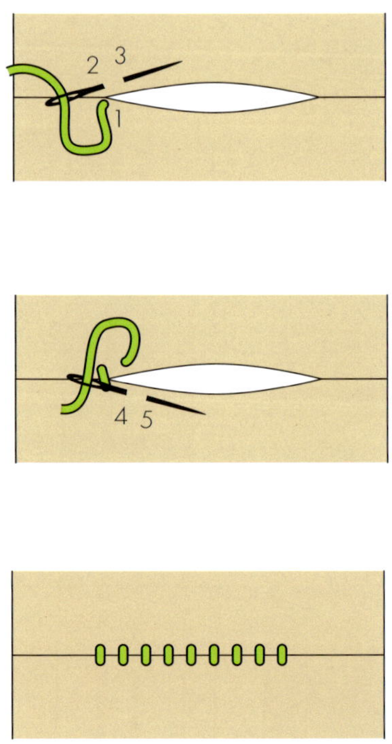

Les conseils couture

A

B

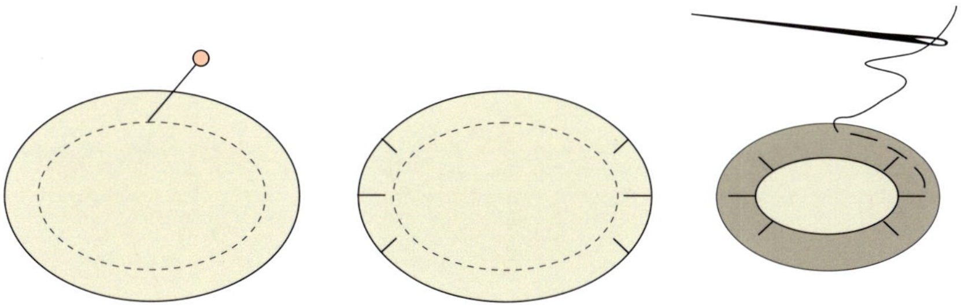

C

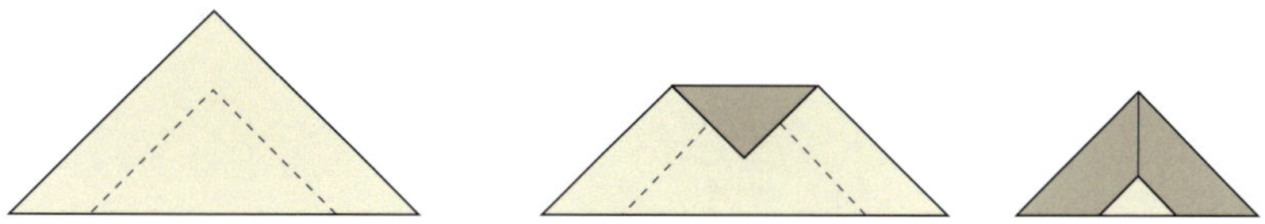

D

L'appliqué à la main

Méthode du "RENTRÉ À L'AIGUILLE"

L'appliqué est une technique qui consiste à coudre une pièce préalablement bâtie sur un tissu de fond. Après avoir retranscrit au crayon la forme désirée sur le tissu avec le gabarit, couper la pièce en ajoutant 0,5 cm pour la marge de couture.
Une fois que toutes les pièces sont découpées, cranter les tissus dans les courbes. Replier le tissu sur la ligne de couture et bâtir soigneusement avant la mise en place. Dans le cas où il y a superposition de pièces, ne pas faire de repli sur les bords afin d'éviter des surépaisseurs. Repasser soigneusement chaque pièce.
Poser les pièces sur le tissu de fond dans l'ordre des numéros et les bâtir soigneusement.
Faire une couture à points invisibles.

La couture droite ou légèrement incurvée : pour les lignes droites et légèrement courbes, marquer le pli en passant la pointe d'une épingle sur le trait de crayon sur l'envers du tissu.
Ensuite, rabattre le surplus et passer un fil à bâtir **(figure A)**.
Pour les courbes, cranter le tissu (arrêter l'incision avant le trait de crayon) et replier la marge de couture **(figure B)** *et bâtir.*
Pour les pointes, replier la pointe comme décrit sur la **figure C**. *Ensuite, rabattre la marge de couture et passer un fil à bâtir.*
Pour les creux, cranter dans le creux comme décrit sur la **figure D** *(arrêter l'incision avant le trait de crayon), rabattre la marge de couture et passer un fil à bâtir.*
Lorsque la pièce à appliquer est bâtie, la fixer sur le tissu de fond en l'épinglant, puis la coudre à petits points glissés invisibles. Enlever les fils à bâtir.

Les conseils couture

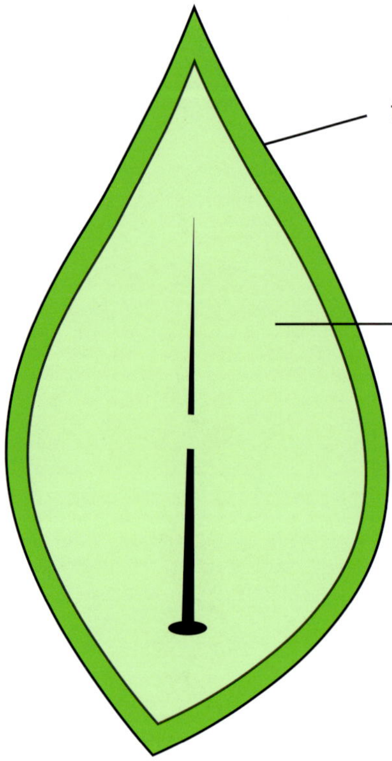

Le rentré à l'aiguille & le freezer paper

Tracer la pièce à appliquer sur le côté mat du freezer paper. Couper le gabarit de freezer paper sur le trait.
Le positionner sur l'envers du tissu choisi et le repasser légèrement.
Couper tout autour de la pièce en laissant une marge de couture de 0,3 à 0,5 cm.
Cranter les parties creuses et arrondies et rabattre la marge de couture sur l'envers. Repasser. Enlever le frezzer paper et fixer la marge de couture avec de la colle en stick.
Positionner les pièces sur le tissu de fond et l'appliquer à points invisibles.

L'appliqué collé

Le Vliesofix est un voile thermocollant double-face utilisé pour faire des applications textiles.
La colle se trouve entre 2 papiers protecteurs.
Reporter le dessin sur l'un des papiers et découper sur le trait. Enlever l'autre papier protecteur et poser le voile côté colle sur l'envers du tissu à appliquer. Repasser à fer moyen sur le papier protecteur restant pour faire adhérer la colle. Découper le tissu au ras du dessin (le tissu ne s'effiloche pas). Enlever le 2ème papier de protection et appliquer le motif sur le tissu support.
Repasser à fer moyen pour coller le motif (la couture du motif n'est pas obligatoire, elle sert seulement de renfort ou de décoration).

Conseil

Avant de commencer l'assemblage, composer le tableau en disposant les différentes pièces de tissu à leur place définitive. Ceci permet de s'assurer que les pièces sont bien coupées, et aussi de visualiser la séquence d'assemblage.

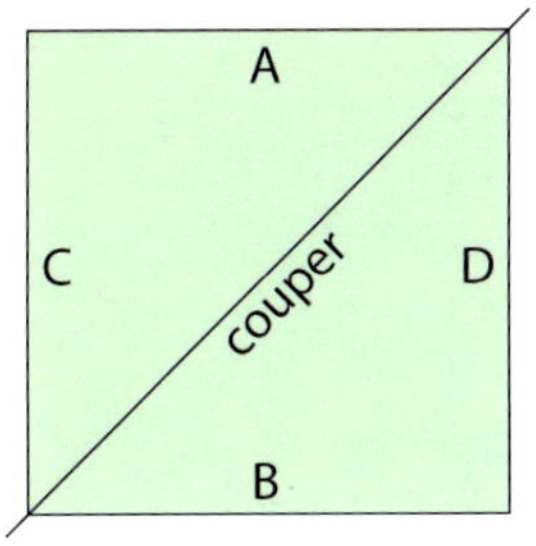

1

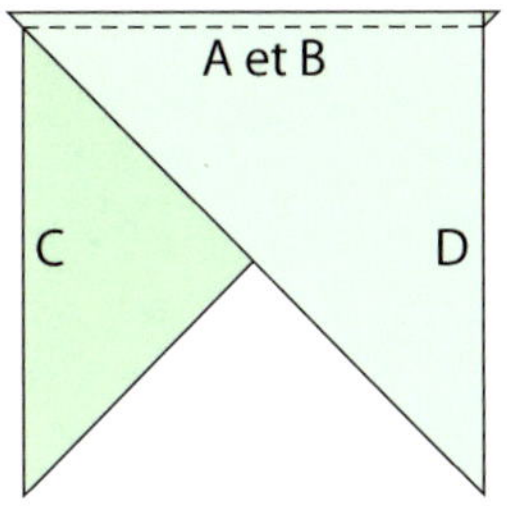

2

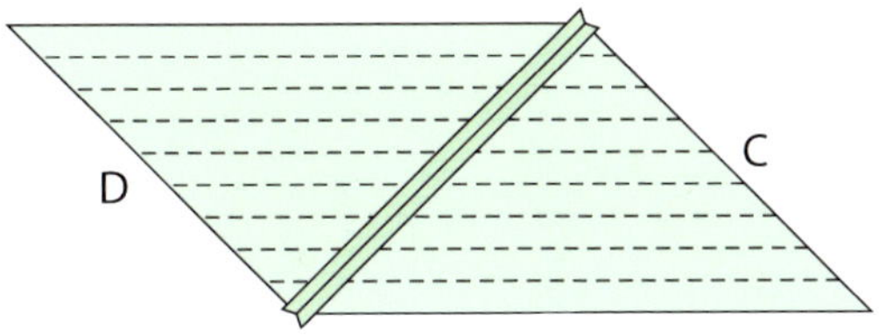

3

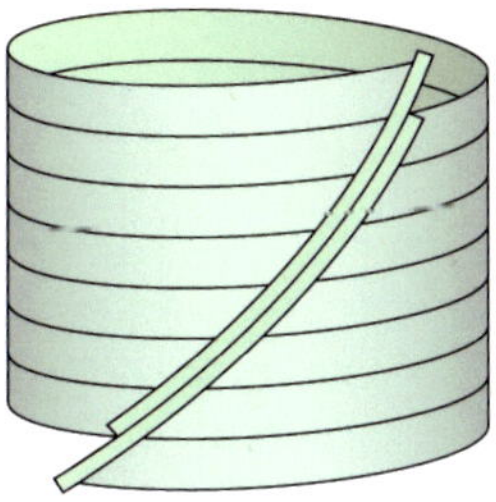

4

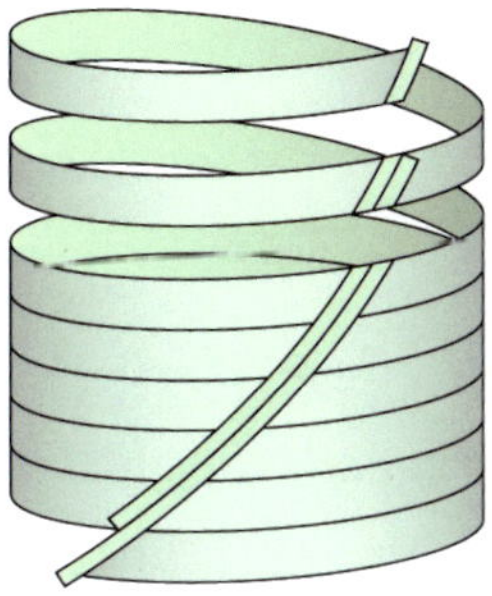

5

La coupe d'un biais de 2,5 cm

Carré de 30 x 30 cm

1 *Couper le carré selon la diagonale.*

2 *Réunir par une couture les côtés A et B endroit contre endroit.*

3 *Sur le losange ainsi obtenu, tracer des lignes parallèles tous les 2,5 cm pour obtenir environ 3,60 m de biais.*

4 *Faire un tube en réunissant par une couture les 2 côtés droit fil C et D en prenant soin de décaler d'une largeur de biais.*

5 *Découper le tube ainsi obtenu, en rond, en suivant les lignes préalablement tracées.*

La bande de biais est réalisée ***(photo).***

Les conseils couture

Faire des fronces

Faire un rang de longs points avant. Tirer sur le fil pour obtenir la longueur désirée.
Dimension du tissu : *prévoir 3 fois la longueur désirée.*

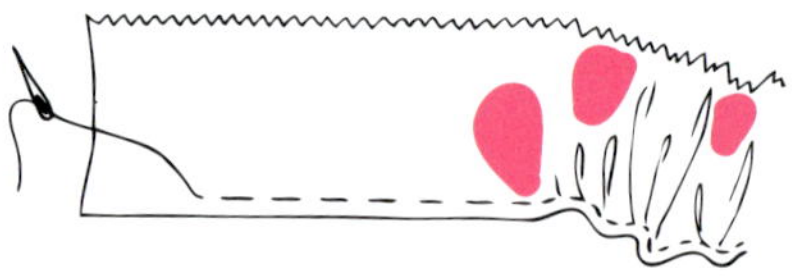

Réaliser une coulisse

Sur une pièce circulaire

Piqûre sur 4 lignes pour un ou plusieurs élastiques
Faire un rentré de 5 cm, et piquer plusieurs lignes en laissant une petite ouverture.

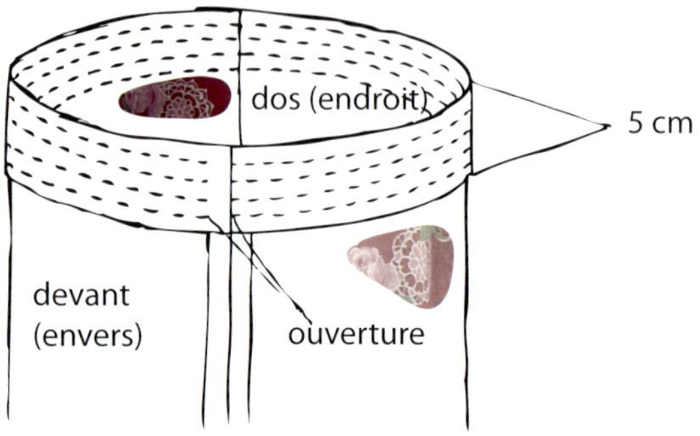

Passer le ou les élastiques par les ouvertures, ajuster à la taille désirée et fermer en cousant les extrémités l'une sur l'autre.

Piqûre sur 1 ligne pour un cordon
Faire un rentré de 4 cm, et piquer 2 lignes en laissant une ouverture.

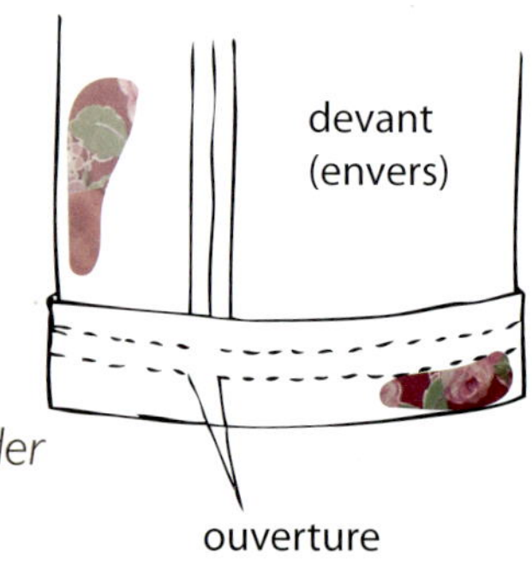

Former le fond d'un sac

Aplatir chaque coin inférieur et faire une couture pour former les angles du fond du sac.

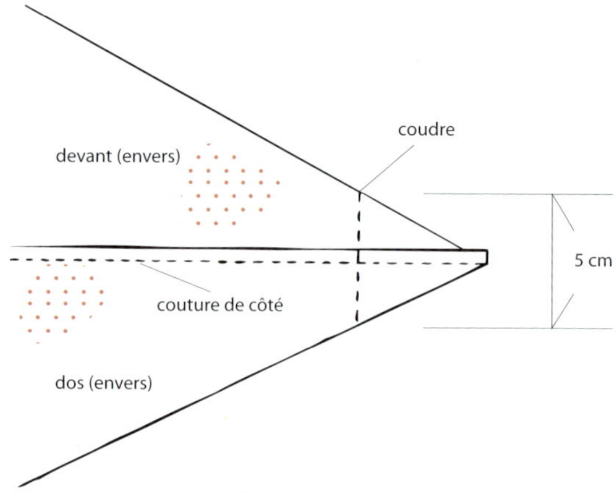

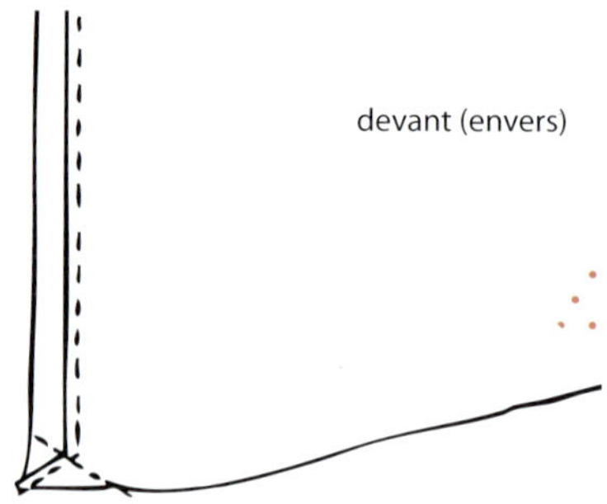

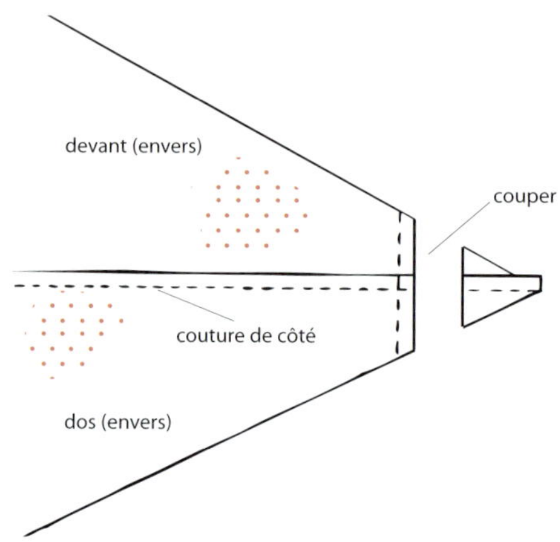

Couper l'angle à 1 cm de la couture et surfiler.

Pose d'un passepoil

Couper une bande de tissu de la taille de l'ouvrage et de 4 cm de large. La plier en deux envers contre envers dans le sens de la largeur en insérant une cordelette de coton de la même longueur. Epingler en calant la cordelette le long de la pliure et coudre au bord en utilisant le pied de biche pour fermetures à glissière. Intercaler ce passepoil entre les tissus, endroit contre endroit, et coudre au bord. Retourner l'ouvrage sur l'endroit.

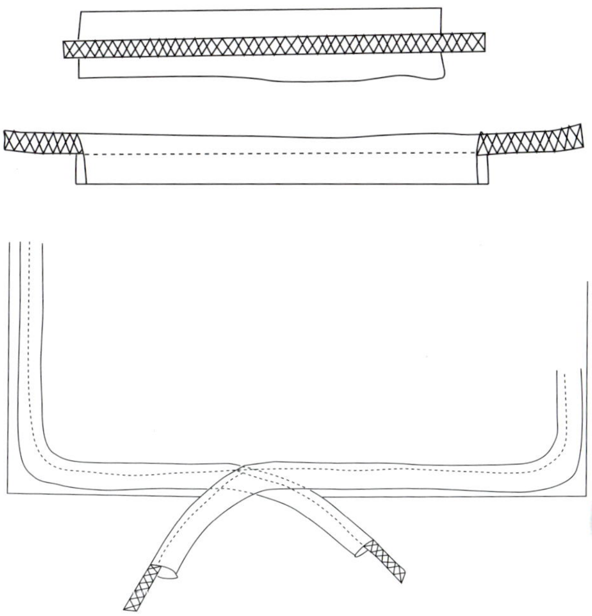

Coudre un volant autour d'un coussin

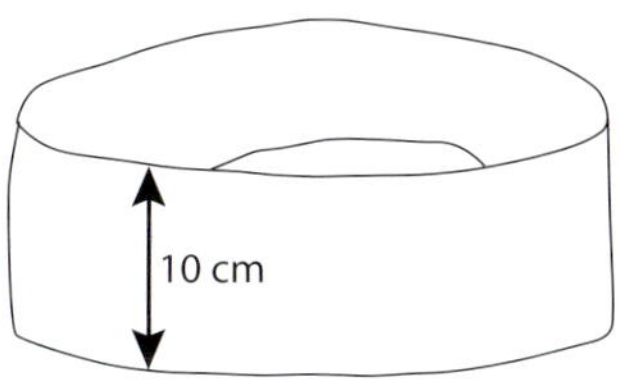

Former un cercle

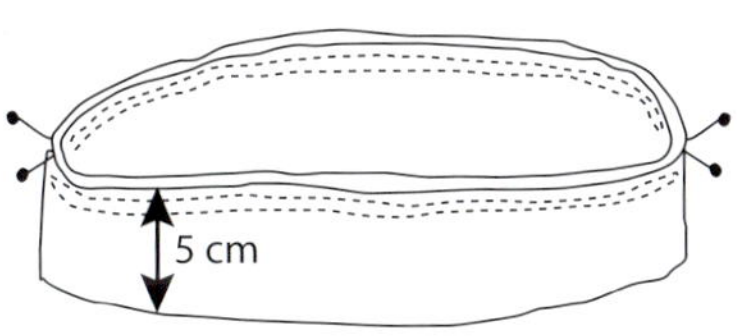

Coudre endroit vers le haut

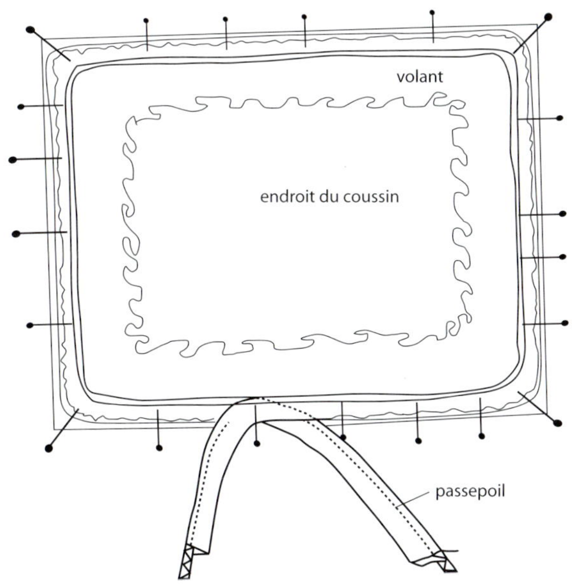

1. *Former un cercle. Plier le tissu en 2 dans la largeur. Froncer le rond en 2 temps (par moitié).*
2. *Faire 2 rangs de points avant assez longs sur le haut de chaque partie du rond.*
3. *Froncer chaque côté soigneusement afin d'obtenir la longueur de fronces désirée.*
4. *En se référant au dessin, placer le volant froncé sur le dessus du coussin, en alignant les bords du volant aux bords du passepoil. Epingler en prenant soin de bien ajuster le volant. Froncer un peu plus dans les angles.*
5. *En utilisant le pied à fermeture à glissière, coudre le volant sur le coussin en suivant la ligne de couture du passepoil. Son emplacement servira de guide.*
6. *Poser le tissu de dos, endroit contre l'endroit de l'ouvrage, par dessus le volant. Vérifier d'avoir bien rentré le volant et les nœuds afin de ne pas les prendre dans la couture.*
7. *Epingler le dos et coudre tout autour du coussin, en utilisant le pied à fermeture à glissière.*
8. *Retourner le coussin sur l'endroit, insérer un coussin en mousse.*

Les conseils couture

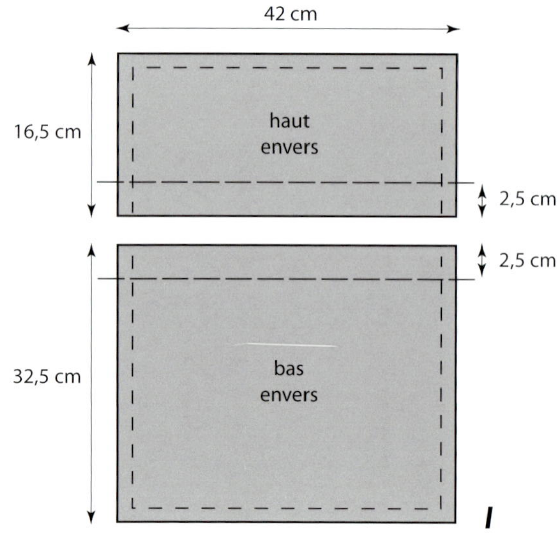

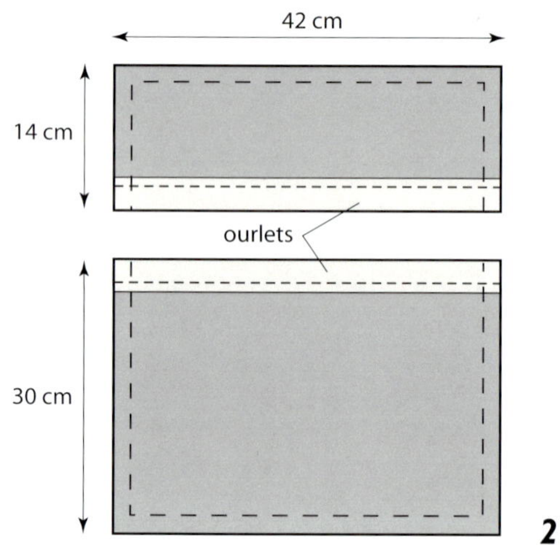

La réalisation du dos d'un coussin

L'ouverture doit se faire au ⅓ ou au ⅔ de la housse de coussin. Couper 2 rectangles en prévoyant 2,5 cm pour les ourlets. Coudre les ourlets à la main ou à la machine.
Sur le petit rectangle, faire les boutonnières (3 ou 4 selon le modèle). Faufiler ensemble les 2 rectangles sur ces 2 ourlets : le petit rectangle avec les boutonnières doit chevaucher le second. Coudre le dos du coussin au devant puis ôter les fils de faufil. Coudre les boutons.

1ère étape

Pour obtenir 1 coussin carré de 40 x 40 cm fini, il faut prévoir 1 cm de marge de couture sur 3 côtés de chaque pièce, 2,5 cm d'ourlet sur chaque pièce et 2 cm pour le chevauchement des bandes de boutonnage. Il faut donc couper 1 pièce de 42 x 16,5 cm pour le haut et 1 pièce de 42 x 32,5 cm pour le bas. Sur l'un des grands côtés, plier 0,5 cm puis 2 cm et coudre les 2 ourlets à la main ou à la machine.

2ème étape

Selon le modèle, faire 3 ou 4 boutonnières sur le haut.

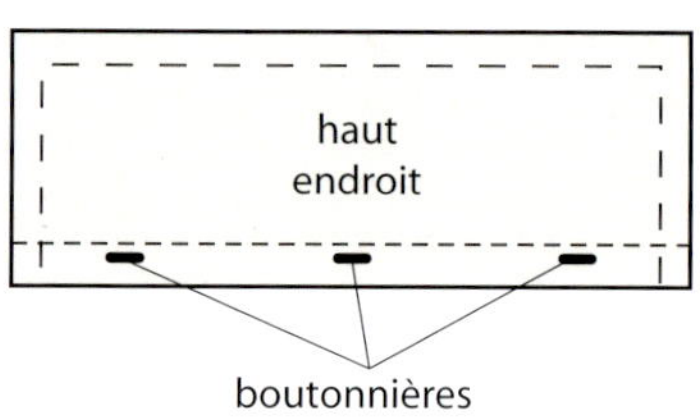

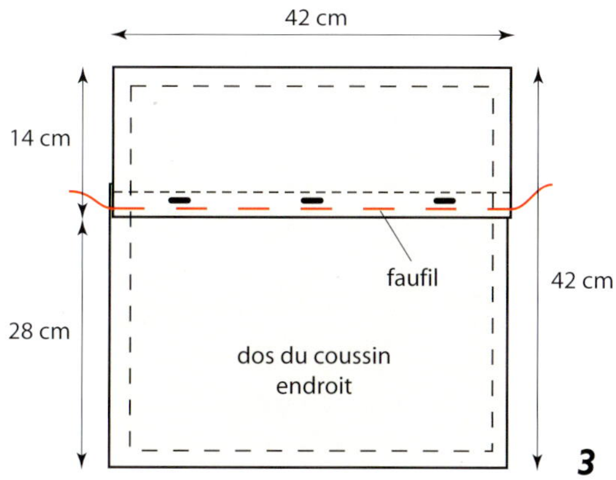

3

3ème étape

Superposer les bandes de boutonnage, endroit contre envers, et maintenir les 2 pièces par un faufil.
On obtient 1 carré de 42 x 42 cm.

4ème étape

Coudre le dos du coussin au devant, endroit contre endroit, en piquant à 1 cm du bord.
Oter les fils de faufil puis retourner l'ouvrage qui fera 40 x 40 cm. Coudre les boutons. Appliquer cette méthode quelle que soit la forme du coussin et ses dimensions.

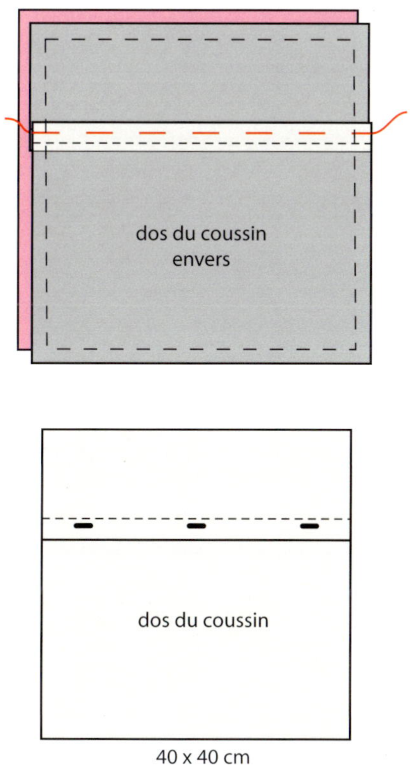

4

Entoilage

Sur des toiles souples et / ou fragiles, la Vlieseline® (ou thermocollant) sert à renforcer les matières et à donner de la tenue à l'ouvrage. Elle peut être double-face. Pour entoiler une pièce de tissu avec de la Vlieseline® : posez le côté brillant sur l'envers du tissu, bord à bord, et repassez le dos de la Vlieseline® au fer chaud sans vapeur.

Pose des bais

Les biais se posent de la même façon que les bordures.

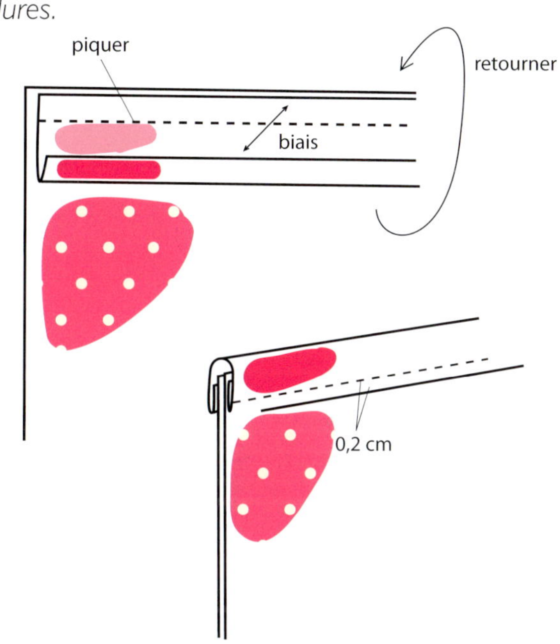

Les conseils couture

Poser une fermeture à glissière

Superposer les 2 tissus endroit contre endroit,
coudre à la machine jusqu'à l'arrêt
de fermeture et bâtir à la main jusqu'en haut.

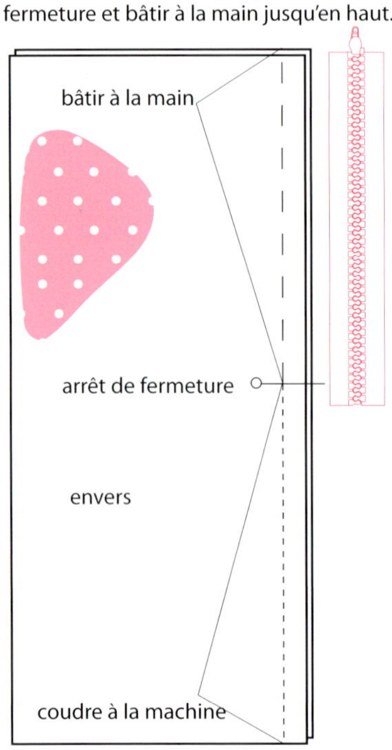

Ouvrir la couture au fer, poser
la fermeture à glissière et l'épingler
sur le milieu de la couture du bâti.

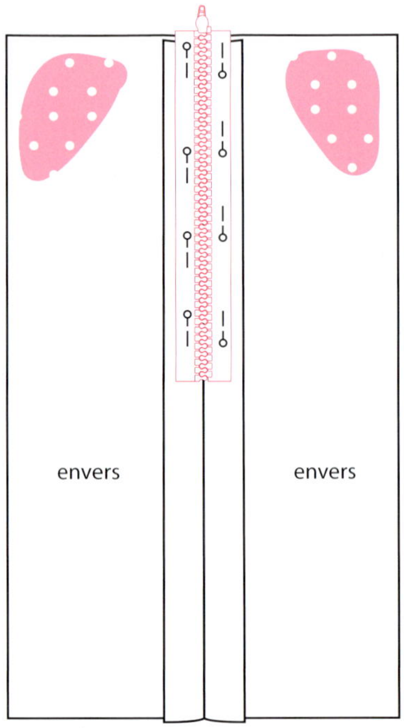

Piquer à la machine à 0,5 cm
du bord de la fermeture.

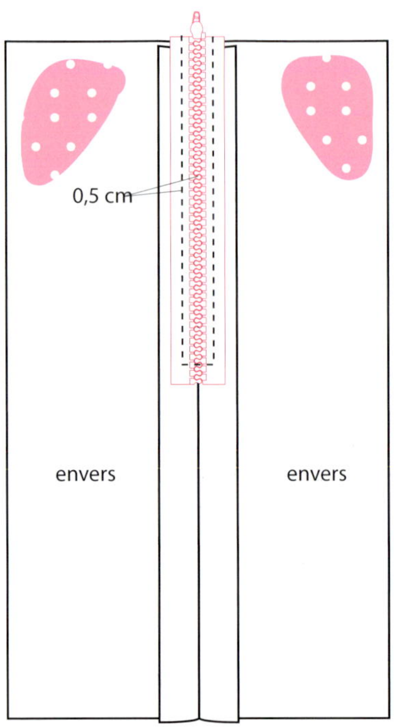

Vue de l'endroit.

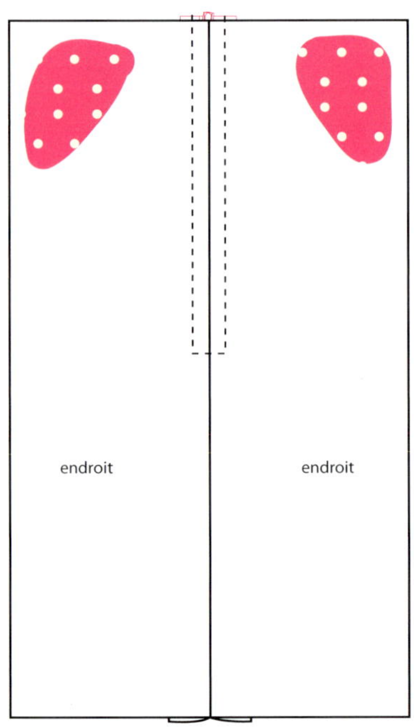

Fermer une ouverture

Fermer avec une surpiqûre

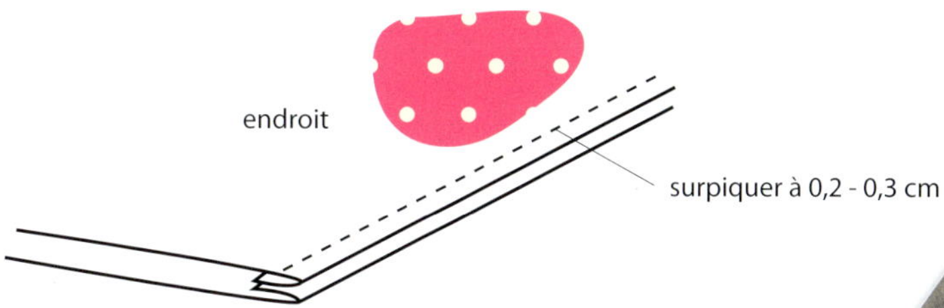

Fermer l'ouverture à petits points cachés

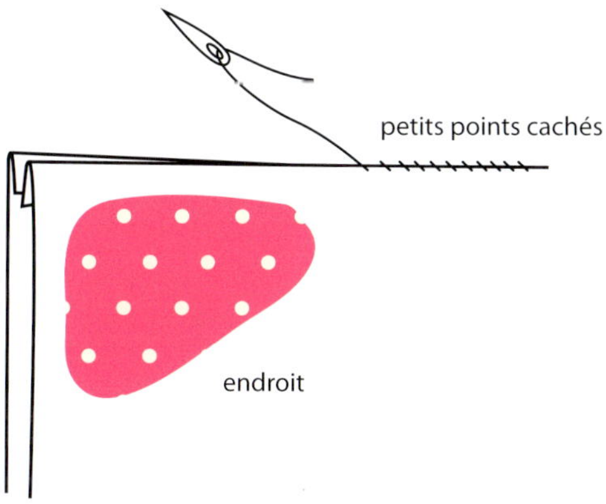

Surfiler

Le surfilage au point zigzag évite l'effilochage du tissu.

Usage des épingles

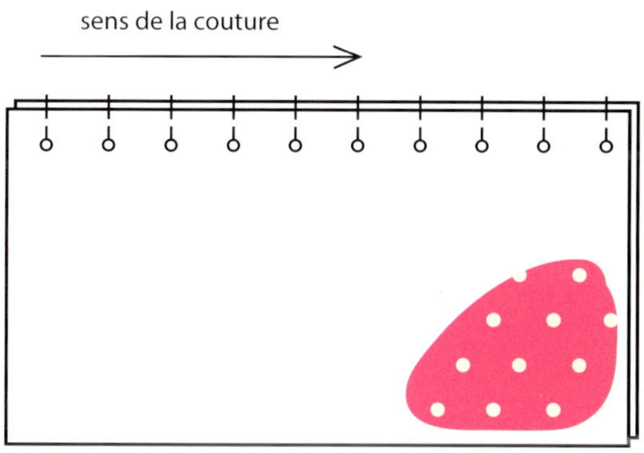

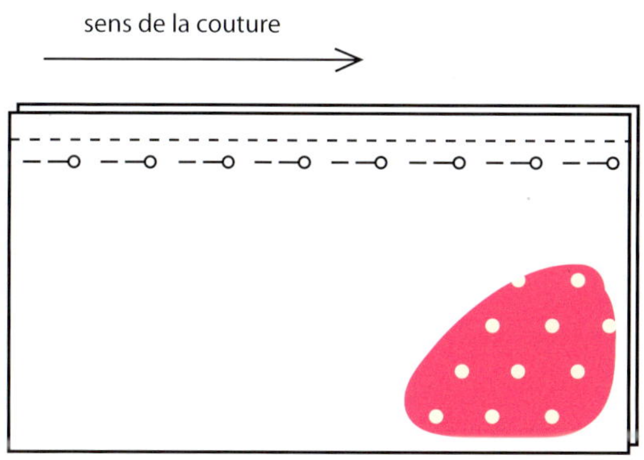

LES ÉDITIONS DE SAXE
13, rue Jules Verne
CS 40 205 - 69630 CHAPONOST

www.edisaxe.com

N° Indigo 0 825 00 42 49
0,15 € TTC / MN

ISBN 978-2-7565-0779-8
Imprimé en France - Chirat

Création et textes : Katie Lietaert-Ingels
Photos : Didier Barbecot
Stylisme : Martine Destouches
Traduction : Anneke Pijnappel
Dessins techniques : Céline Cantat